BURKHARD HEIDENBERGER

ZEITBLÜTEN

Zeitblüten

BURKHARD HEIDENBERGER

HERDER

FREIBURG · BASEL · WIEN

Inhalt

Was sind Zeitblüten? 6

Die Geschichte hinter Zeitblüten 7

Was Sie in diesem Buch erfahren 8
Was Sie davon haben 10
Machen Sie es zu Ihrem ganz persönlichen Büchlein... 10

Drei Schritte auf dem Weg zu mehr Zeitblüten 13

Die gefräßigsten Zeitblütenfresser ausschalten 14
Die tägliche Fernsehberieselung 14
Die übermäßige Smartphonenutzung 16
Konflikte rauben Energie 22
Sorgen blockieren uns 24
Jeder von uns trägt seinen Rucksack 28
Wofür die neu gewonnene Zeit nutzen? 32

Wohlfühlrituale schaffen 37
Gelassen und energievoll in den neuen Tag starten 37
Mein herrlicher Flussweg 40

Für schöne Erinnerungen im Voraus sorgen 48
Stoff für schöne Erinnerungen 48

Sich der eigenen Zeitblüten bewusst werden 53

Ihre eigenen Zeitblüten entdecken:
27 Reflexionsfragen 58

Besondere Momente des Tages nachwirken lassen..... 62

Dankbar sein 66

Jeden Tag ein Zeitblüten-Foto 69

Von Kindern den Zauber des Lebens lernen 72
Mit Zeitblüten Nähe schaffen 75

Was im Leben wirklich zählt 80

46 Zeitblüten-Ideen:
Lassen Sie sich inspirieren 85

Inspirationen für Zeitblüten-Geschenke 93

Zeitblüten-Atmosphäre im Unternehmen etablieren ... 97

Inspirierende Zeitblüten 101

Schritt für Schritt zu mehr Zeitblüten 113

Was ich Ihnen wünsche 115

Was sind Zeitblüten?

Wann, wo oder mit wem können Sie so richtig abschalten, entspannen und Kraft tanken?

Welche sind die Momente, in denen Sie sich wünschen, die Zeit anhalten zu können – zumindest für eine Weile?

Und wie lange ist es bereits her, dass Sie solche kostbaren Momente das letzte Mal genießen konnten?

Halten Sie kurz inne und beantworten Sie in Ruhe für sich diese Fragen.

Warum ich Ihnen diese Fragen gleich zu Beginn stelle? Nun, ich möchte Ihre Gedanken zur Einstimmung auf diese so wertvollen Momente in Ihrem Leben lenken.

Denn Zeitblüten sind Momente und Erlebnisse, die sich vom Alltag abheben, unser Leben bereichern und uns einfach guttun – persönliche Momente der Entspannung, des Wohlfühlens, des Krafttankens und des Abschaltenkönnens.

Die Geschichte hinter Zeitblüten

Es ist mittlerweile schon einige Jahre her. Ich hatte einen herausfordernden Job als Planer in einem technischen Büro. Nebenberuflich gab ich Seminare und Trainings zu den Themen Zeitmanagement und Arbeitsmethodik. Unser Sohn war noch ein Kleinkind.

Es war an einem freien Samstagvormittag – ein warmer Junitag. Die gesamte Woche war aufgrund eines bevorstehenden Projektabschlusses und den damit verbundenen Abgabeterminen bestimmt von Hektik und Stress. Zudem tüftelte ich seit Tagen an einem Konzept und einem passenden Namen für meine Website, die ich im Zusammenhang mit meiner Trainertätigkeit einrichten wollte. Konzeptsuche, anstehende Aufgaben, Termine, Herausforderungen – auch an diesem freien Vormittag lief mein Gedankenkarussell auf Hochtouren.

Kurzerhand nahm ich unseren kleinen Sohn huckepack und bin mit ihm losmarschiert. Bei strahlendem Sonnenschein durch den Wiener Wald, bis wir an eine Lichtung gelangten mit einer Bank unter einer mächtigen, schattenspendenden Baumkrone.

Der Sohnemann war eingeschlummert. Nun saß ich mit ihm im Arm auf der Bank, blickte über die satte Wiese, bestaunte die bunte Blütenpracht – und da war er, dieser für mich so nachhaltige Augenblick, der so einiges in meinem weiteren

Leben bewirkt hatte: Das erste Mal seit Langem hatte ich den Kopf vollkommen frei, war völlig entspannt, die Zeit schien stillzustehen. Beim Blick über die blühende Lichtungswiese kam mir plötzlich der Begriff Zeitblüten in den Sinn. Wie diese Blüten für eine begrenzte Zeit aufblühen und die farbmonotone Wiese zu einer bunten Augenweide gestalten, gibt es auch in meinem Leben Momente, die sich vom Alltag abheben und es so wunderbar und lebenswert bereichern.

Dieser Begriff Zeitblüten war in diesem Augenblick für mich vollkommen stimmig und ließ mich nicht mehr los. Der Name für meine Website war geboren und kurze Zeit später war sie angelegt. Auf Zeitblueten.com teile ich Impulse, Tipps und meine Erfahrungen rund um die Themen Zeitmanagement, Entspannung, Achtsamkeit und Wohlfühlen. Zudem veröffentliche ich dort inspirierende Zeitblüten-Erzählungen, die mir Leser zusenden.

Was Sie in diesem Buch erfahren

Dieses Büchlein will Ihnen kein Ratgeber sein, sondern in Ihnen das Bewusstsein für Ihre ganz persönlichen Zeitblüten wecken. In diesem Zusammenhang möchte ich einen Leser zitieren, der mir Folgendes geschrieben hat:

... Nur darüber nachzudenken, welche die eigenen Zeitblüten sind, welche Gewichtung ich ihnen gebe, welche Wertschätzung ich für Momente und Erlebnisse mit Menschen habe, die mir nahestehen und mir wichtig sind, tut ungemein gut. Das

Tolle daran: Je mehr ich darüber nachdenke, desto mehr werden mir meine Zeitblüten bewusst und dass es eigentlich doch einige in meinem Leben gibt. Und ich werde zukünftig darauf achten, dass es mehr werden.
Ich werde Ihnen meinen persönlichen Weg vorstellen – unter anderem wie es mir gelungen ist, meine lästigen Zeitblütenfresser im Zaum zu halten, dann zwei meiner Wohlfühlrituale, die sich erst durch das Ausschalten der Zeitblütenfresser entwickeln konnten, sowie meine Ideenquellen für eigene Zeitblüten und wie ich sie umsetze.

Ich werde Ihnen berührende und nachahmenswerte Zeitblüten von anderen Lesern aus meiner Sammlung vorstellen und Sie bekommen zahlreiche Impulse und Ideen mit an die Hand, wie Sie Ihre ganz persönlichen Zeitblüten finden und in Ihren Alltag integrieren können.

Dieses Büchlein enthält auch Bilder von meinen persönlichen Zeitblüten-Momenten – aufgenommen in meinen zwei Welten Südtirol und Wien, in denen ich zu Hause bin – sowie eine Auswahl meiner sogenannten Hirn-Herz-Stempel. Damit bezeichne ich Worte und Zeilen, die einen irgendwie berühren, sich einprägen, die quasi einen Stempelabdruck im Hirn und Herz hinterlassen. Das können Sprüche oder einprägsame Worte von bekannten Persönlichkeiten oder eines Mitmenschen sein, die lange nachwirken und die bestenfalls sogar zukünftig das eigene Denken und Handeln positiv beeinflussen. Und vielleicht berührt meine kleine Sammlung an Zitaten auch Ihr Herz auf irgendeine Art und Weise und prägt sich in Ihr Gedächtnis ein – weil Sie eines der vorgestellten Zitate oder einen Spruch als merkenswert erachten.

Was Sie davon haben

Je häufiger Sie Ihren Zeitblüten im Alltag Raum gewähren, desto mehr werden Sie an Gelassenheit und Zufriedenheit gewinnen, reicher an Lebensfreude sowie achtsamer gegenüber anderen und sich selbst werden. Denn Zeitblüten stehen immer in direktem Zusammenhang mit Achtsamkeit und Entspannung.

Machen Sie es zu Ihrem ganz persönlichen Büchlein

Wenn Sie Zeit und Muße haben, ziehen Sie sich mit diesem Büchlein am besten an Ihren Lieblingsplatz zurück – z. B. im Frühling auf einer Bank die ersten warmen Sonnenstrahlen genießend, im Sommer an einem ruhigen See liegend, im Herbst, wenn es draußen stürmt oder an einem kalten Winterabend bei leichtem Schneerieseln mit einer heißen Tasse Tee direkt an einen wohlig warmen Platz zu Hause.

Schmökern Sie darin, lassen Sie sich inspirieren, machen Sie sich Gedanken über Ihre eigenen Zeitblüten.

Sie finden im Buch jeweils mit einem Kreis versehene Anregungen und Umsetzungstipps. Wenn Sie davon etwas ausprobiert oder umgesetzt haben, können Sie den Kreis abhaken.

Wenn Sie wollen, nehmen Sie einen Stift oder einen Leuchtmarker zur Hand und kennzeichnen Sie jene Textstellen, die Sie ansprechen.

Im hinteren Bereich des Büchleins finden Sie einen Notizbereich. Kommen Ihnen während des Schmökerns spannende Ideen, bereichernde Gedanken und Erinnerungen in den Sinn oder Sie nehmen Gefühle wahr, schreiben Sie sie gleich nieder – das kann auch nur in Stichworten sein.

Machen Sie das Büchlein mit Ihren persönlichen Notizen lebendig und individuell – Ihr ganz persönliches, kostbares Zeitblüten-Büchlein.

» Zeitblüten erfahren
bedeutet für mich auch,
das Schöne im Unscheinbaren
und Unperfekten zu sehen.

Drei Schritte auf dem Weg zu mehr Zeitblüten

In diesem Kapitel möchte ich Ihnen zuerst meinen Weg aufzeigen, wie es mir gelungen ist, mehr Zeitblüten in mein Leben zu bringen.

Vielleicht finden Sie an der einen oder anderen Möglichkeit Gefallen oder wollen sie ausprobieren. Sie haben nichts zu verlieren und können bestenfalls nur gewinnen: Zeit für wundervolle Zeitblüten, die Ihr Leben ungemein bereichern.

Auf meinem Weg waren folgende drei größere Schritte notwendig:

- Zeitblütenfresser ausschalten
- Wohlfühlrituale etablieren
- für schöne Erinnerungen im Voraus sorgen

Die gefräßigsten Zeitblütenfresser ausschalten

Mit Zeitblütenfresser bezeichne ich unvorteilhafte Gewohnheiten, ungute Begebenheiten, Situationen oder Umstände, die mitunter täglich wertvolle Zeit oder Energie rauben und damit verhindern, dass in meinem Alltag Zeitblüten-Momente gedeihen können. Ich habe mir vor Augen geführt, womit ich meine zur Verfügung stehende Zeit außerhalb meiner beruflichen Tätigkeit fülle. Allein diese bewusste Auseinandersetzung machte mir deutlich, dass ich viel wertvolle Zeit einfach nicht wirklich befriedigend nutzte.
So sind mir bei dieser Betrachtung zwei meiner zeitfressenden Gewohnheiten besonders ins Auge gefallen: die fast tägliche Fernsehberieselung und die übermäßige Smartphonenutzung.

Ihre Zeitblütenfresser können völlig andere sein – oder vielleicht erkennen Sie sogar Ihre eigenen darin? Im Folgenden gehe ich auf meine zwei unliebsamen Gewohnheiten näher ein.

Die tägliche Fernsehberieselung

Einer meiner hungrigsten Zeitblütenfresser: die Berieselung durch Medien – insbesondere durch den Fernseher. Ja, es gibt großartige Sendungen und Filme und ich genieße auch einen entspannten Filmabend allein oder mit der Familie. Aber oft habe ich den Fernseher abends einfach nur aus

Gewohnheit aufgedreht – mal schauen, was läuft – und ließ mich dann berieseln. Das machte mich träge. Oft saß ich vor dem Gerät, bis es Zeit für das Bett war.

Ob Fernsehen, Streaming oder Ähnliches – ich habe meinen Medienkonsum stark eingeschränkt und war wirklich überrascht, wie viel mehr an Zeit mir plötzlich zur Verfügung stand – etwa für meine Familie, für mich selbst und für andere Tätigkeiten, die mir Freude bereiten oder von Bedeutung sind.

Eine weitere Überraschung in diesem Zusammenhang: Der Umgewöhnungsprozess von der alten Berieselungsgewohnheit zu neuen wohltuenden Zeitblüten-Gewohnheiten ist mir wesentlich leichter gefallen als vermutet. Das mag primär an folgenden zwei Gründen gelegen haben.

1. Meine Umstellung erfolgte schrittweise. Die Reduktion erfolgte nicht von heute auf morgen durch einen krassen Schnitt, sondern ich schränkte den Medienkonsum sukzessive ein: den ersten Monat zwei Tage in der Woche fernsehfrei – montags und donnerstags. Den Folgemonat drei Tage und so weiter.

2. Außerdem überlegte ich mir aktiv Ersatzbeschäftigungen. Ich habe die neu gewonnene Freizeit mit in meinen Augen sinnvolleren Tätigkeiten gefüllt.

Ersatzbeschäftigungen = Mehrwertbeschäftigungen

Diese Ersatzbeschäftigungen bezeichne ich als Mehrwertbeschäftigungen, da sie für mich um einiges sinnvoller und befriedigender sind, als es die Abendberieselung war. Ich habe mir eigens eine Liste angelegt, in der ich meine alternativen Beschäftigungen notierte, unter Berücksichtigung folgender Prämisse: Es ist eine Tätigkeit, die mir guttut, die mich mehr erfüllt als Fernsehen oder die mich weiterbringt. Die aufgelisteten Tätigkeiten wurden konkret ausformuliert: also beispielsweise nicht einfach „Bücher lesen", sondern den Titel der Bücher nennen. Bereits diese Mehrwertliste hat einen besonderen Reiz auf mich ausgeübt. Ohne diese attraktiven Alternativen hätte sich der Umgewöhnungsprozess wahrscheinlich nicht so einfach gestaltet und ich wäre schnell wieder in alte Medienkonsummuster zurückgefallen.

Die übermäßige Smartphonenutzung

Ich finde es wunderbar, welche Möglichkeiten mir das Gerät bietet – unter anderem kann ich damit blitzschnell hilfreiche Informationen abrufen, meine beruflichen und privaten Aufgaben und Termine organisieren, den Kontakt mit Freunden und Familienmitgliedern pflegen, die weiter entfernt wohnen. Aber mir ist das Smartphone durchaus auch als Ablenkungsverführer par excellence bewusst.
Gregor Iwanoff, ein sehr geschätzter Freund, hat es treffend

auf den Punkt gebracht: *„Dein Smartphone mag dich Personen näherbringen, die weit weg von dir sind. Aber es entfernt dich auch von jenen, die neben dir sind."*
Heute gebe ich dem reizvollen digitalen Sirenengesang nicht mehr widerstandslos nach, um dann in der mächtigen Informationsflut zu versinken, sondern nutze das Gerät bei Bedarf ganz bewusst.

Was mir die Augen geöffnet hat

Über einen längeren Zeitraum habe ich mittels einer App mein Nutzungsverhalten am Smartphone aufgezeichnet. Damit wurde mir vor Augen geführt, wie oft am Tag ich zu diesem Multifunktionsgerät griff und welche Anwendungen ich wie lange nutzte.
Auch wenn ich das Smartphone beruflich häufig benötige, hat mich die Auswertung doch wachgerüttelt. Hat sie mir doch schonungslos aufgezeigt, wie viel Zeit ich für Belangloses verschenke. Ich fühlte mich ertappt. Und genau diese Erkenntnis hat dann ein Umdenken und in weiterer Folge eine Änderung im Umgang mit diesem Verführer bewirkt.

Digitale Auszeiten lassen mich besser abschalten

Heute nehme ich mir täglich kleine digitale Auszeiten, das heißt, ich gehe abends für eine längere Zeit offline, bleibe telefonisch aber erreichbar – denn es waren nicht die Anrufe, die als Zeitblütenfresser auftraten, sondern die Nutzung diverser Apps (z. B. Messenger, E-Mail, Instagram) und Online-Portale wie etwa YouTube.

Anfangs sind mir die digitalen Auszeiten zugegebenermaßen nicht leichtgefallen. Aber auch hier hat sich für mich der Weg der kleinen Schritte bewährt: zuerst jeden zweiten Tag für eine definierte Dauer, z. B. zwei Stunden, offline, dann jeden Tag, schließlich habe ich die tägliche Offlinedauer verlängert.

Um der Versuchung leichter zu widerstehen, habe ich in dieser Umgewöhnungsphase das Smartphone außerhalb meiner unmittelbaren Reichweite in einem anderen Raum platziert. Anfangs sogar oben auf einem Schrank, sodass es umständlicher und nur mithilfe eines Stuhls erreichbar war – simpel, hat aber für mich gut funktioniert. Dadurch habe ich den permanenten reizvollen Ruf „Lass mich nicht allein, greif nach mir" kaum mehr wahrgenommen.

Mittlerweile benötige ich keine Tricks mehr, um der Versuchung zu widerstehen. Die tägliche temporäre digitale Auszeit hat sich für mich zu einer bereichernden Gewohnheit etabliert. Wie andere ihre Zeitblütenfresser in den Griff bekommen haben, zeigen die folgenden drei Zeitblüten.

Den Kopf freibekommen

Ich habe einen sehr stressigen und verantwortungsvollen Job, der mich täglich viel Energie kostet. Deshalb habe ich lange nach einem Ausgleich gesucht: Sport und verschiedene Freizeittätigkeiten zeigten keine nachhaltige Wirkung. Vor etwa einem Monat bat mich meine 5-jährige Tochter, mit ihr aus Bausteinen „den höchsten Turm von der ganzen Welt" zu bauen. Und so begannen wir. Sie einen Stein, ich den nächsten. Zwischendurch habe ich gelegentlich mein Smartphone nach neuen Eingängen gecheckt. Als ich wieder zum Gerät greifen wollte, sagte sie etwas trotzig: „Papi, unser Turm ist wichtiger!" Das hat mich nachdenklich gemacht. Ich schaltete das Smartphone aus. Das stimmte sie zufrieden. In den nächsten zwei Stunden widmete ich mich nur meiner Tochter und unserem weltgrößten Turm. Als der letzte Baustein verbaut war, umarmte sie mich und ich spürte ein unglaubliches Glücksgefühl. Ich hatte in den vergangenen zwei Stunden nicht an die Firma und die Arbeit gedacht. Plötzlich fiel es mir wie Schuppen von den Augen und ich erkannte mein bisheriges Problem: Ich habe auch nach der Arbeit nie richtig abgeschaltet, war immer erreichbar, habe in der Freizeit geschäftliche Eingänge am Smartphone gecheckt, oft noch schnell bearbeitet.
Seit diesem Tag mache ich das Firmen-Smartphone aus, sobald ich nach Hause komme und in meine Freizeitkleidung schlüpfe. Ich habe nun viel mehr Energie, bin ausgeglichener und generell zufriedener geworden.

Robert Grüner

Mehr Zeit für mich

Letztes Jahr zu meinem 45. Geburtstag habe ich mich selbst beschenkt: In Abstimmung mit meinem Arbeitgeber habe ich eine Reduzierung der Arbeitszeit auf 80 % vereinbart. Das war eine meiner besten Entscheidungen, und das trotz Gehaltseinbußen. Aber diese regelmäßige, zusätzliche Zeit ist ein Geschenk, das mit keinem Geld der Welt aufgewogen werden kann. Diese Zeit nutze ich für meine Zeitblüten – das sind meine Tiere und mein Sport.

Rita Wittmann

Prioritäten neu setzen

Neulich kam ich zeitiger von der Arbeit nach Hause. Als ich gemeinsam mit meiner Frau und unserem kleinen Sohn bei Tisch saß, sagte er:
„Es ist so schön, Papi, dass wir heute mal zusammen zu Abend essen. Sonst hast du ja nie Zeit, weil du immer viel arbeiten tust. Aber das ist ok."

Das hat mich sehr berührt. Seither versuche ich täglich, rechtzeitig zum Abendessen daheim zu sein. Und siehe da, es gelingt mir fast immer, weil ich die Prioritäten neu gesetzt habe. Ich genieße unser gemeinsames Abendessen und es tut mir leid, dass ich nicht schon früher darauf Wert gelegt habe.

Alan Kroll

Konflikte rauben Energie

Nun möchte ich noch auf weitere Zeitblütenfresser eingehen, die für den einen oder die andere von Relevanz sein dürften. Denn neben den zeitintensiven, ablenkenden Angewohnheiten gibt es auch verschiedene Begebenheiten und Situationen, die uns Energie kosten und damit verhindern, dass Zeitblüten im Alltag gedeihen können. Dazu zählen insbesondere Konflikte. Ein Konflikt belastet immer. Je intensiver die Auseinandersetzung und je länger deren Dauer, desto mehr raubt sie uns Energie.

Was tun?

Eine Pauschallösung gibt es nicht, denn Auseinandersetzungen können sehr vielschichtig sein. Grundsätzlich gilt, dass Friedenschließen nur dann gelingen kann, wenn beide Seiten dazu bereit sind. Der beste Weg zu einer Konfliktlösung führt immer noch über ein Gespräch. Dazu muss eine Seite den oft so schwierigen ersten Schritt machen. Abhängig vom Grund des Konflikts wird dieser umso schwerer fallen, je schwerwiegender der Auslöser empfunden wird. Damit die Aussprache möglichst zur Konfliktbeilegung oder zumindest zu einer Beruhigung führt, sollten die Worte mit Bedacht gewählt werden: niemals beleidigend, anklagend, sondern möglichst sachlich, fair und respektvoll. Und wenn es angebracht ist: eine Bitte um Entschuldigung. Sie wirkt wie kühlender Balsam auf einer brennenden Wunde, die ein Fehler, eine unangebrachte Handlung oder ein verbaler Ausrutscher zugefügt hat. Wer die Aussprache scheut, kann auch auf schriftlichem Wege den ersten Schritt machen. In einem Schreiben fällt es oft wesentlich leichter,

die eigenen Gefühle kundzutun und die richtigen Worte zu finden.
In manchen Fällen kann es sinnvoll sein, eine weitere, neutrale, Person miteinzubeziehen, die einen Blick von außen auf die Situation wirft. Eine objektive Perspektive lässt häufig Lösungswege erkennen, auf welche die emotionalen Streitparteien niemals kommen würden.

Betrachtung aus der anderen Perspektive

Jeder von uns hat eine individuelle, prägende Vorgeschichte, unter anderem durch Erziehung, Erlebnisse, Ereignisse und soziales Umfeld. Diese hat Einfluss auf unsere Sicht der Dinge, auf unser Denken, unser Verhalten und Handeln und macht uns zu der Person, die wir eben sind.
Deshalb kann ein Perspektivenwechsel – also der Versuch, sich in die Lage und die Situation anderer zu versetzen – helfen, sich bewusst zu machen, dass auch die andere Person aus ihrer Sicht durchaus recht haben kann:

Wer hat Recht?

So ein Perspektivenwechsel erhöht die Kompromissbereitschaft und zeigt Lösungswege auf, die sonst vielleicht verborgen bleiben – nicht nur bei Streit, sondern generell bei Diskussionen.

Ist ein Konflikt erst einmal beigelegt, kann dies wie eine Befreiung aus einem engen Korsett wirken, dem Leben eine neue positive Wendung geben und den Blick auf neue Zeitblüten eröffnen. Und ja, es mag auch schwerwiegende Gründe und Auslöser geben, welche die Bereitschaft zur Konfliktlösung und zur Versöhnung in weite Ferne rücken. Dann mag das Abstandnehmen – soweit möglich – zur jeweiligen Person der gangbarere Weg sein, allein aus Gründen des Selbstschutzes und um mit der belastenden Situation und Erinnerung möglichst selten konfrontiert zu werden. Umgeben Sie sich stattdessen mit Menschen, die Ihnen wirklich wichtig sind, die Ihnen guttun und die Sie wertschätzen.

Sorgen blockieren uns

Jeder von uns, ohne Ausnahme, wird im Leben früher oder später mit einschneidenden, belastenden Ereignissen konfrontiert, auf die wir selbst meistens keinen oder kaum Einfluss nehmen können. Schwere Zeiten und Phasen, in denen vielleicht sogar die Hoffnungslosigkeit überwiegt, in denen alles trist erscheint und es anscheinend keinen fruchtbaren Boden für Zeitblüten gibt. Dazu zählen auch Schicksalsschläge, aus denen selten etwas Positives resultiert, etwa wenn wir einen geliebten Menschen durch Tod verlieren. Es bleibt eine Lücke, die lange Zeit schmerzt. Zeigt der Schmerz doch auch, wie wichtig und bedeutend diese Person im Leben war. Und vielleicht wächst aus diesem Schmerz schließlich auch Dankbarkeit dafür, dass man diesen wunderbaren Menschen in seinem Leben hatte. Auch kann so ein einschneidendes, belastendes Ereignis dazu führen, dass Angehörige, Freunde und Bekannte näher zusammenrücken und diese Beziehungen dadurch immens gestärkt werden. Oder man wird sich seiner eigenen Endlichkeit mehr bewusst, wodurch man seine Lebenszeit anders nutzt als bisher und sich selbst und anderen mehr Achtsamkeit und Wertschätzung zukommen lässt.

Neue Chancen, neue Wege

Aber nicht nur der Verlust eines geliebten Menschen kann eine schwierige Lebensphase bewirken, es gibt weitere mögliche Auslöser: Niederlagen, Enttäuschungen, Misserfolge, Rückschläge wie Jobverlust, eine schwere Krankheit, das Ende einer Beziehung oder erfolglose Arbeitsplatzsuche.

Wer in einer solchen Krise steckt, will mit Sicherheit nicht den oft gut gemeinten Hinweis hören, dass in jeder Krise eine Chance steckt. Und doch können Schwierigkeiten und Rückschläge erfahrungsgemäß die Chance bieten, sich neu zu orientieren und weiterzuentwickeln, auch wenn es schwerfällt, diese Möglichkeiten in der belastenden Situation zu erkennen oder zu akzeptieren.

Einer meiner Zeitblütenorte:
der Vahrner See in Südtirol

Denke daran, dass etwas, das du nicht bekommst, manchmal eine wunderbare Fügung des Schicksals sein kann.

Dalai Lama

Es ist nicht nur einmal vorgekommen, dass ich etwas nicht erreicht oder bekommen habe, was ich mir sehr gewünscht hatte – und dann wie eine Seifenblase zerplatzt ist. Im ersten Moment war ich frustriert oder verärgert, aber im Nachhinein betrachtet war es genau so richtig, wie es gekommen ist.

Oder wie meine Mutter oft zu sagen pflegt, wenn etwas nicht wie gewünscht läuft: „Wer weiß, wofür das gut sein wird." Deshalb habe ich mittlerweile ein gewisses Urvertrauen und bin überzeugt, dass es auch besser sein kann, wenn mal etwas nicht nach meinem Plan läuft. Diese Überzeugung macht mich gelassener.

Was mich herausfordernde Phasen noch gelehrt haben: den guten Zeiten und den Zeitblüten in meinem Leben mehr Beachtung zu schenken und sie mehr wertzuschätzen.

Jeder von uns trägt seinen Rucksack

Unterwegs auf unserem Lebensweg tragen wir alle einen Rucksack. Manchmal einen schweren, dann wieder einen leichteren, kaum spürbar. Oft nur über kurze Etappen, manchmal aber auch über lange Strecken.
Der Rucksack steht für die alltäglichen Belastungen wie Herausforderungen, Sorgen und Probleme, die es zu bewältigen gilt. Die individuelle Belastung ist auch davon abhängig, wie wir die Herausforderungen und deren Bewältigungschance wahrnehmen.
Machen wir regelmäßig eine Rast, wird es uns wesentlich leichter fallen, die beschwerlichen Abschnitte mit geringerer Anstrengung hinter uns zu lassen. Wenn wir hingegen keine Rast einlegen, werden wir das Gewicht auf unserem Rücken immer mehr wahrnehmen, es wird uns schwächen und unser Vorwärtskommen bremsen.
Zeitblüten tragen wesentlich dazu bei, Belastungen und Herausforderungen des Alltags besser zu bewältigen. Sie wirken wie eine wohltuende Rast, die uns Kraft und neue Energie für den weiteren Weg liefert.

Das gibt mir unheimlich viel Kraft!

Meine Frau liegt nach einem schweren Unfall seit einem halben Jahr im Koma. Vor Kurzem wurde bei meiner Mutter, die bei uns im Haus lebt, Krebs diagnostiziert. Sie muss zur Chemo. Ich versuche neben meinem Job das alles irgendwie auf die Reihe zu bekommen, was mir schwerfällt.
Bevor ich abends ins Bett falle, setze ich mich noch ans Kinderbett unseres Sohnes und schaue ihn einfach an, wie er friedlich schläft. Das ist meine Zeitblüte, die mir unheimlich viel Kraft gibt und mir immer bewusst macht, wofür es sich zu kämpfen lohnt.

Thorsten M.

Mir ist bewusst geworden, wie stark ich bin

Mein Mann hatte vor zwei Jahren einen Schlaganfall. Er musste seinen Beruf aufgeben. In dieser Zeit schlitterte auch die Firma, in der ich tätig war, in den Konkurs. Plötzlich stand auch ich ohne Job da. Dadurch kamen neben allen anderen Sorgen auch finanzielle hinzu. Unser gewohntes Leben hat sich mit einem Mal auf den Kopf gestellt. Ich fiel in ein tiefes emotionales Loch. Aber rückblickend hat sich diese schwierige Zeit als große Chance herausgestellt, die uns viel Gutes gebracht hat. Nach einer längeren Durststrecke fand mein Mann eine neue Arbeit. Ich habe mich beruflich neu orientiert und bekam wieder einen Job, der mir viel Freude bereitet, sogar mehr als der alte. Wir haben wundervolle Menschen kennengelernt, die zu unseren Freunden wurden. Auch haben sich Menschen in unserem Umfeld als wirkliche Stützen erwiesen, von denen ich es nie vermutet hätte. Einige wenige Freundschaften sind in die Brüche gegangen. Letztlich hat sich die Spreu vom Weizen getrennt. Auch unsere Beziehung ist inniger geworden. Wir sind zusammengewachsen und wir genießen unser Miteinander viel mehr als früher. Für all diese Erfahrungen sind wir sehr dankbar. Wenn ich heute wieder in eine schwierige Situation komme, bleibe ich ruhig, denn ich habe eine tiefe Zuversicht, dass sich alles irgendwie zum Guten wendet. Ich weiß, dass ich alles schaffen kann, denn die Überwindung der schwierigsten Zeit meines Lebens hat mich unglaublich stark gemacht. Eine Stärke, der ich mir selbst nicht bewusst war und die mich heute oft noch überrascht. Schon seltsam, dass aus so schlimmen Ereignissen so viel Gutes und Schönes entstehen kann. Diese Einsicht ist meine eigentliche Zeitblüte, weil ich heute mein Leben dadurch viel mehr genieße.

Jasmin L.

Die Palme mit der schweren Last

Dass man aus überwundenen Belastungen gestärkt hervorgehen kann, vermittelt auch diese Kurzgeschichte:

Eine kleine Palme wuchs kräftig am Rande einer Oase. Eines Tages kam ein Mann vorbei. Er sah die kleine Palme und konnte es nicht ertragen, dass sie so prächtig wuchs. Der Mann nahm einen schweren Stein und hob ihn in die Krone der Palme. Schadenfroh lachend suchte er wieder das Weite. Die kleine Palme versuchte, den Stein abzuschütteln. Aber es gelang ihr nicht. Sie war verzweifelt. Da sie den Stein nicht aus ihrer Krone bekam, blieb ihr nichts anderes übrig, als mit ihren Wurzeln immer tiefer in die Erde vorzudringen, um besseren Halt zu finden und nicht unter der Last zusammenzubrechen.

Schließlich kam sie mit ihren Wurzeln bis zum Grundwasser und trotz der Last in der Krone wuchs sie zur kräftigsten Palme der Oase heran. Nach mehreren Jahren kam der Mann und wollte in seiner Schadenfreude sehen, wie verkrüppelt die Palme wohl gewachsen sei, sollte es sie überhaupt noch geben. Aber er fand keinen verkrüppelten Baum. Plötzlich bog sich die größte und kräftigste Palme der Oase zu ihm herunter und sagte:

„Danke für den Stein, den du mir damals in die Krone gelegt hast. Deine Last hat mich stark gemacht!"

Nach einem afrikanischen Märchen

Wofür die neu gewonnene Zeit nutzen?

Vielleicht haben Sie sich diese Frage bereits gestellt, nachdem ich Ihnen nun meine zwei Zeitblütenfresser und noch weitere vorgestellt habe. Nun, die digitalen Auszeiten und die Einschränkung des Fernsehkonsums haben meine Lebensqualität merklich gesteigert – und nicht nur meine! Ich habe mehr Zeit für die Familie, Freunde und für alles andere, das mir von besonderer Bedeutung ist.
Dieses Mehr an freier Zeit war für mich anfangs ungewohnt. Mittlerweile genieße ich diese Mehrzeit richtiggehend und nutze sie beispielsweise

- um in ein Buch oder Hörbuch zu versinken
- für Sport und Bewegung
- für Ruhe und Stille
- für regelmäßige Spaziergänge, um etwa an neuen Ideen zu tüfteln oder einfach den Kopf freizubekommen, dabei wähle ich hin und wieder bisher unbeschrittene Pfade, um Neues zu entdecken
- um Aufgeschobenes endlich anzupacken
- um ein privates Projekt zu starten und abzuwickeln (z. B. Buch schreiben, Rasen neu anlegen, Abstellraum und Keller entrümpeln und Ablageflächen montieren, Gemüse und Obst für die Wintermonate einlegen)

- um mich weiterzubilden (z. B. Gewürz- und Küchenkräuterseminar, Weinkunde) und neue Fertigkeiten mithilfe von Kursen zu erlernen wie Brotbacken, thailändisch Kochen, diverse Softwareanwendungen
- für spontane Unternehmungen in der Stadt oder Natur
- um etwas komplett Neues auszuprobieren
- oder um einfach mal an einem herrlichen Platz in der Natur zu sitzen oder gemütlich zu Hause nur dazuliegen, dabei tagzuträumen und den Gedanken freien Lauf zu lassen

Es geht aber nicht darum, täglich Zeitblüten oder etwas Besonderes oder Außergewöhnliches zu erleben. Vielmehr geht es um eine gute Zeit mit sich selbst, was auch immer das für Sie ganz persönlich bedeuten mag – sollte es für Sie das Fernsehen sein, dann ist das natürlich auch völlig in Ordnung.

Haben Sie ähnliche Zeitblütenfresser oder völlig andere?

Es müssen nicht immer offensichtliche wie die zwei von mir genannten sein. Es können auch unmerkliche Verhaltensweisen sein, beispielsweise Perfektionismus oder das Sich-selbst-permanent-Antreiben: „Ich muss, ich muss, ich muss …“, Nicht-Nein-sagen-Können, wodurch man Arbeiten und Aufgaben übernimmt, für die man gar nicht zuständig ist. Die eigenen Bedürfnisse bleiben dann auf der Strecke, im ungünstigsten Fall wird man häufig ausgenutzt.

Die folgende Reflexionsfrage kann Ihnen beim Aufspüren Ihrer Zeitblütenfresser helfen: Welche Gewohnheiten oder Verhaltensmuster kosten mich täglich Zeit oder Energie, bringen mir aber kaum oder gar keinen Nutzen?

Legen Sie auch direkt eine Liste mit Ersatzbeschäftigungen an. Vielleicht gefällt Ihnen hierzu eine andere Bezeichnung besser. Sie können diese Tätigkeiten beispielsweise allgemein zusammenfassen in:

- Mehrwerttätigkeiten
- Zeit für mich
- Wohlfühlzeit
- Mußezeit
- Ich-tue-mir-etwas-Gutes-Zeit …

Oder Sie benennen sie ganz konkret abhängig von der vorgesehenen Tätigkeit:

- Buchzeit
- Ruhezeit
- Familienzeit
- PartnerInzeit
- Sportzeit
- Meditationszeit
- Waldspaziergangszeit

Sicher finden Sie wirkungsvolle Möglichkeiten, um Ihre Zeitblütenfresser zukünftig im Zaum zu halten, sodass Ihre Zeitblüten im Alltag richtig gedeihen und Sie sich an ihnen erfreuen werden. Und wenn es nur zwei Stunden in der Woche sind (das wäre etwas über eine Viertelstunde pro Tag), die Sie dadurch gewinnen. Das sind immerhin über 100 Wohlfühlstunden im Jahr.

Ich beim Abarbeiten der „Was soll's"-Liste

Einfach mal was von der To-do-Liste auf die „Was soll's"-Liste setzen!

Auch wenn ich für Zeitmanagement und in diesem Zusammenhang für eine To-do-Liste plädiere – wäre ja auch etwas kurios, wenn ich das als Zeitmanagement-Trainer nicht würde –, gefällt mir diese Zeile, weil ich es wichtig finde, das eine oder andere immer wieder mal etwas lockerer anzugehen und nicht in den Selbstoptimierungsdrang zu verfallen.

Wohlfühlrituale schaffen

Nachdem ich meine größten Zeitblütenfresser, die unbefriedigende Fernsehberieselung und übermäßige Smartphonenutzung, auf ein Minimum reduziert hatte, stand mir plötzlich wesentlich mehr freie Zeit zur Verfügung.
Neben den Mehrwertbeschäftigungen nutze ich die neu gewonnene Zeit auch für Wohlfühlrituale. Dazu zählen mein Morgenritual für einen energievollen Start in den Tag sowie mein regelmäßiger Flussweg, um den Arbeitstag entspannt ausklingen zu lassen. Diese zwei Wohlfühlrituale konnten sich erst nach dem Ausschalten der genannten Zeitblütenfresser so richtig entfalten.

Gelassen und energievoll in den neuen Tag starten

Da ich mich abends nicht mehr vom Fernseher berieseln lasse oder geistesabwesend kleine Ewigkeiten in mein Smartphone versinke, gehe ich zeitiger schlafen. Meine Schlafqualität hat sich merklich verbessert und so komme ich morgens leichter aus dem Bett – und das ausgeruht!
Um schwungvoll in den Tag zu starten, berücksichtige ich für mein Morgenritual folgende Punkte:

Tagesplanung am Vorabend machen

Organisiere ich den kommenden Tag am Vorabend, fällt mir das Aufstehen leichter und ich beginne den Tag viel motivierter. Das liegt daran, dass ich den Ablauf schon strukturiert im Kopf habe und am Morgen nicht wertvolle Zeit für die Tagesplanung verplempern muss.

Angenehmen Weckton wählen

Ein schriller Weckton überzeugt zwar von der Notwendigkeit des Aufstehens, aber er kann auch am Nervenkostüm rütteln, und das muss am Morgen wirklich nicht sein. Seit ich für den Weckton ein angenehmes Klangspiel gewählt habe, lasse ich mich weitaus lieber aus meinen Träumen holen.

Den Kreislauf ankurbeln

Dann gilt es, den Kreislauf in Schwung zu bekommen. Ich habe es eine Weile mit Joggen versucht. Aber am Morgen den Schweinehund zum Joggen zu überreden, ist schon ein schwieriges Unterfangen – jedenfalls für mich. Nun nutze ich ein einfaches Zirkeltraining, beispielsweise das von Sportwissenschaftlern entwickelte 7-Minuten-Ganzkörpertraining (ausführliche Anleitungen dazu gibt es im Netz). Zur Abwechslung und um einen Gewöhnungseffekt zu vermeiden, ändere ich mein Aufwecktraining im 2-Wochen-Rhythmus. Das können auch mal simple Luftsprünge sein. 5 – 10 Minuten reichen vollkommen. Einfach auf der Stelle energievoll springen, gleichzeitig die Arme kreisen, einige Male mit gestreckten Armen hochspringen. Mein kurzes Morgentraining bedarf wenig Zeit, Vorbereitung und keiner Geräte und ist ideal, um das Blut kraftvoll durch den Körper zu pumpen. In den warmen Monaten mache ich das Ganze bei geöffnetem Fenster. Die frische Luft verschafft dem Gehirn eine anregende Sauerstoffdusche – es freut sich und belohnt mich mit erhöhter Konzentrationsfähigkeit. Außerdem fühlt es sich großartig an, dem Körper bereits am Morgen etwas Gutes getan zu haben.

Ab unter die Dusche

Das kurze körperliche Auspowern hat ein wohliges Körpergefühl zur Folge. Dann noch ab unter die Dusche. Tut einfach gut. Und wenn ich ganz mutig bin, dann riskiere ich eine Wechseldusche oder eine kalte Dusche – ein Frischekick, den mir der stärkste Kaffee so nicht geben kann. Damit wird auch noch die letzte verschlafene Zelle putzmunter.

Nur der Morgen und ich

Nachdem mein Körper und mein Geist nun hellwach sind, setze ich mich noch mit einer duftenden Tasse Kaffee etwa zehn Minuten auf den Balkon mit Blick in die Natur. Kein Smartphone, kein Radio oder ein anderes Geräusch im Hintergrund. Friedliche Morgenstille. Die Gedanken schweifen lassen. Nur der Morgen und ich. Ich genieße das regelrecht – diese Ruhe am Morgen. Der Tag ist noch so unschuldig. Dann noch die Familie wecken und der Arbeitstag kann kommen.

Mein herrlicher Flussweg

Ich arbeite von zu Hause aus. Nach getaner Arbeit fahre ich meinen Computer herunter, rein in die Sportschuhe und raus aus dem Haus.

Dann gehe ich flotten Schrittes entlang der Wien. Die Wien ist ein Fluss, bei normalem Wasserstand vielmehr ein Flüsschen. Bei jedem Wetter, allein – denn nur so kann ich richtig abschalten und nach dem Arbeitstag runterkommen.

Am Wendepunkt angelangt, ziehe ich in den wärmeren Monaten die Sportschuhe aus und spaziere dann barfuß den Weg gemächlich zurück. Ich erfühle die unterschiedlichen Böden: Kies, Erde und Wiese. Zwischendurch mache ich eine kurze Rast, setze mich auf einen Stein und halte meine Füße ins frische, kühle Nass. Ich beobachte die quirligen Enten mit ihrem putzigen Nachwuchs und den stolzen Fischreiher, denen ich manchmal begegne. Dann geht's gemütlich weiter.

Zu Hause angelangt, lege ich mich oft noch circa 10 Minuten hin. Abhängig von folgenden Vorhaben stelle ich den Wecker. Keine Musik oder andere Ablenkung im Hintergrund. Nichts. Nur ruhig daliegen, Augen schließen und Gedanken kommen und ziehen lassen. Und manchmal nicke ich kurz ein – auch gut.

Dieses Wohlfühlritual dauert in etwa insgesamt eine Dreiviertelstunde ohne Hinlegen – oft auch länger, je nach Dauer der eingelegten Zwischenrast. Zeit für mich allein! Ich genieße dieses Ritual, es tut meinem Körper gut, beflügelt meinen Geist und es erdet mich. Ich nehme über das Jahr bewusster den Lauf der Jahreszeiten wahr, welche die Natur so prächtig präsentiert.

Aber diese Runde erfüllt für mich einen weiteren wesentlichen Zweck: Auf dem flotten Hinweg reflektiere ich die Ereignisse des Arbeitstages, lasse mir nochmals alles durch den Kopf gehen, sortiere meine Gedanken und gewinne dadurch Klarheit. Unter freiem Himmel lösen sich auch eventuelle Denkblockaden.

Aber erst der temporeduzierte Rückweg macht den Kopf richtig frei. Das liegt auch daran, dass ich beim Barfußgehen stets auf den Untergrund achte, um spitzen Steinen auszuweichen – dadurch werden die Arbeitsgedanken verdrängt. Ich muss also sprichwörtlich entschleunigen.

Und genau in diesem Zustand tauchen gute Ideen und Lösungen aus den Tiefen des Unterbewusstseins auf. Mein Flussweg lässt meine Kreativität fließen. Auch ein Großteil des Inhalts für dieses Büchlein ist gedanklich auf meinem entschleunigten Rückweg entstanden.

Gelegentlich gehe ich meinen Flussweg auch zu ungewohnten Zeiten – etwa frühmorgens vor oder während des Sonnenaufgangs mit zunehmender Vogelstimmentonkulisse oder in der Abenddämmerung begleitet vom Grillenzirpen. Ich bin immer wieder erstaunt über die neu gewonnenen Eindrücke, die mir die Natur zu unterschiedlichen Zeiten darbietet.

Der Sonne entgegen auf meinem Flussweg

Du hast 3 Häuser:
den Körper,
den Geist,
die Erde.
Pass auf alle drei auf. Gregor Iwanoff

Diese Worte von Gregor erinnern mich stets daran, auf meine drei Häuser zu achten, um meine Zeitblüten möglichst lange genießen zu können.

Hierzu nutze ich unter anderem meinen Flussweg: Ich kann in der Natur wunderbar abschalten, richtig durchatmen und regenerieren – für meinen Körper und meinen Geist. Zudem wird mir in der Natur stets die Schönheit unserer Erde vor Augen geführt, was mich deren Wertschätzung und einen besonnenen Umgang nie vergessen lässt.

Neben den drei genannten ist für mich noch ein viertes Haus wichtig: mein Zuhause. Ich gestalte meine eigenen vier Wände so, dass ich auch darin zur Ruhe kommen, Kraft tanken und die Seele baumeln lassen kann. Eine Wohnoase, in die ich mich jederzeit zurückziehen und bei Bedarf den Lärm und die Hektik der Außenwelt aussperren kann.

Und Ihre Wohlfühlrituale?

Haben Sie auch Wohlfühlrituale – also kleine und größere Gewohnheiten, die Ihnen einfach guttun? Wenn nicht, vielleicht wollen Sie auch das eine oder andere Ritual entwickeln und in Ihren Alltag integrieren?

Eintritt ins kleine Paradies

Mein Ritual nach einem stressigen Arbeitstag: Ich begebe mich zuerst in unseren Garten, unser kleines Paradies. Öffne ich das Gartentor, so komme ich sofort runter. Das ist wie ein Umschalten von Stress auf Ruhe und Entspannung.
Ich flaniere durch unsere Gemüsebeete und schaue, ob es etwas zu ernten gibt. Ich pflücke eine reife Tomate und beiße herzhaft hinein oder nasche genüsslich von den Erdbeeren und Himbeeren. Ich schnuppere an den verschiedenen Blüten und Kräutern, denn ich liebe diese herrlich duftenden Aromen. Ich mag es, mit meinen Händen in der Erde nach Kartoffeln zu wühlen. Dann setze ich mich auf die Bank unter der Laube, lausche dem Plätschern unseres kleinen Brunnens, beobachte das geschäftige Treiben der jungen Vogelfamilie beim Nistkasten auf unserem Nussbaum.
All das lässt mich den ganzen Stress und Ärger des Tages vergessen und ich kann mich innerhalb kürzester Zeit herrlich entspannen und habe wieder gute Laune.

Monika Miller

Einfach nur daliegen

Aufgrund eines Burnouts verbrachte ich sechs Wochen in einer Klinik. Im Zuge der Burnout-Therapie bekam ich die Aufgabe, mich täglich mindestens eine halbe Stunde hinzulegen. Das fiel mir anfangs extrem schwer, weil ich immer unter Strom stand.
Erst langsam habe ich mich daran gewöhnt, in dieser Zeit einfach nur ruhig dazuliegen, ohne nebenbei etwas zu machen. Kein Lesen, kein Fernsehen, auch keine Musik.
Heute zählt diese halbe Stunde für mich zu einem wichtigen Ritual, das ich fast täglich praktiziere. Ich tanke dabei viel Energie und Kraft und es tut mir einfach gut.

Friderike Lehmann

Die blaue Stunde

Ich habe eine kleine Hütte in Norwegen, in der ich so viel Zeit wie möglich verbringe. In der verschneiten Winterlandschaft gibt es für mich ein festes Morgenritual: Kaffee kochen, Kamin anmachen, am Fenster sitzen und hinausschauen in die Dunkelheit. Dann allmählich ist sie da – die blaue Stunde.
Es wird wirklich alles blau, ein zartes und dennoch durchdringendes Blau. Und dieses Blau klärt die Dunkelheit auf eine fast magische Weise.
Schon bemerkenswert, dass das schönste Licht direkt nach der Dunkelheit kommt …

Vera Bartholomay

Für schöne Erinnerungen im Voraus sorgen

Zeitblütenfresser sind gebändigt, Wohlfühlrituale geschaffen. Nun stelle ich Ihnen den nächsten Schritt vor, mit dem ich mehr bereichernde Erlebnisse und Momente in mein Leben gebracht habe.

Aus spontanen Aktionen, zufälligen Begegnungen und Begebenheiten können großartige Zeitblüten erblühen.

Wenn ich zurückblicke, wird mir aber auch bewusst, dass geplante Unternehmungen ebenfalls zu fabelhaften Zeitblüten mit hohem Erinnerungswert geführt haben.

Und in diesem Zusammenhang kommt mir immer ein Zitat des verstorbenen österreichischen Schauspielers Paul Hörbiger in den Sinn, der befand, dass man für angenehme Erinnerungen im Voraus sorgen muss. Dem kann ich nur zustimmen, denn es sind die kostbaren Erinnerungen, die tollen Erlebnisse und Ereignisse, von denen wir lange zehren – und die treten nicht immer zufällig in unser Leben, sondern wir können aktiv dazu beitragen, einen reichhaltigen Fundus an angenehmen Erinnerungen zu schaffen.

Es liegt also an uns, die „Lebenswiese" mit selbst kreierten Zeitblüten bunter zu gestalten. Genau das sollen auch die gemalten Blüten auf dem Titelbild dieses Buches darstellen.

Stoff für schöne Erinnerungen

Ich habe einen Notizbereich auf meinem Smartphone mit der Bezeichnung „Stoff für schöne Erinnerungen" angelegt. Darin

sammle ich sämtliche Ideen für Zeitblüten-Unternehmungen – und freue mich schon beim Niederschreiben auf die Umsetzung. Die Ideen in meiner Sammlung werden von diversen Quellen gespeist: wenn Freunde von besonderen Erlebnissen oder attraktiven Ausflugszielen erzählen, von reizvollen Empfehlungen, Berichten oder Ideen aus Büchern, Zeitschriften, Sendungen oder anderen Kanälen.
Den einzelnen Unternehmungen habe ich Kategorien zugeordnet, um meine Sammlung übersichtlicher zu gestalten und bei Bedarf schneller eine Auswahl treffen zu können: Schönwetter, Schlechtwetter, Lokale zum Ausprobieren, Unternehmungen allein, mit Familie, mit Freunden usw.
Plane ich beispielsweise am Wochenende mit der Familie eine Zeitblüten-Unternehmung, werfe ich einen Blick in meine mittlerweile umfangreiche Sammlung und kann durch die Kategorienvorsortierung ruckzuck eine Auswahl treffen, auf die wir uns schnell einigen – meistens jedenfalls.

Werfen Sie in Gedanken einen Blick zurück und rufen Sie sich besonders kostbare Erlebnisse in Erinnerung – wahrscheinlich sind darunter nicht wenige, die von Ihnen oder jemand anderem geplant waren und sich nicht aus Zufall ergeben haben. Stimmt's?
Deshalb planen Sie hin und wieder bewusst Zeitblüten-Unternehmungen und sorgen Sie dadurch im Voraus für angenehme Erinnerungen. Legen Sie Ihre persönliche „Stoff für schöne Erinnerungen"-Sammlung an, in der Sie Ihre Ideen für Unternehmungen zusammentragen.

Ein Waldweg in Spiluck, Südtirol

Mein Wurzelweg

Dieser beeindruckende Wurzelweg in der Nähe meines Elternhauses versinnbildlicht für mich die Verbindungen mit Menschen in meinem Leben, die mir wichtig sind. Die Bäume sind über ihre Wurzeln wunderbar miteinander verbunden, geben sich gegenseitig Halt, und doch steht jeder für sich und hat seinen Freiraum.

»Ich mag Menschen,
mit denen man gemeinsam
still sein kann.

Sich der eigenen *Zeitblüten* bewusst werden

Nun möchte ich Ihnen einige Impulse mit auf den Weg geben, die Sie dabei unterstützen, Ihre ganz persönlichen Zeitblüten zu entdecken. Die vorgestellten Möglichkeiten lassen sich frei miteinander kombinieren. Wählen Sie einfach jene, die Ihnen am meisten zusagen und die Sie gerne in Ihren Alltag integrieren möchten.

Glück ist gar nicht mal so selten

Zeitblüten müssen keine großartigen oder außergewöhnlichen Erlebnisse sein. Es kann auch nur ein stiller, zauberhafter Augenblick, ein Moment der Zufriedenheit und Harmonie oder des Genusses sein. Kurzum: Momente, die einfach guttun.
Dazu zählen auch kleine Glücksmomente, die oft unscheinbar in unserem Alltag aufkeimen und uns als solche oft gar nicht bewusst sind.
Denn bewusst werden sie uns meist erst dann, wenn wir sie plötzlich nicht mehr vorfinden. Die französische Schriftstellerin Françoise Sagan hat es auf den Punkt gebracht:

*„Man weiß selten, was Glück ist,
aber man weiß meistens, was Glück war."*

Mit etwas Achtsamkeit können wir feststellen, dass solche kleinen, oft unscheinbaren Zeitblüten – solche Glücksmomente – gar nicht so selten sind, wie auch dieses Gedicht treffend zum Ausdruck bringt:

Glück ist gar nicht mal so selten,
Glück wird überall beschert,
vieles kann als Glück uns gelten,
was das Leben uns so lehrt.
Glück ist jeder neue Morgen,
Glück ist bunte Blumenpracht,
Glück sind Tage ohne Sorgen,
Glück ist, wenn man fröhlich lacht.
Glück ist Regen, wenn es heiß ist,
Glück ist Sonne nach dem Guss,
Glück ist, wenn ein Kind ein Eis isst,
Glück ist auch ein lieber Gruß.
Glück ist Wärme, wenn es kalt ist,
Glück ist weißer Meeresstrand,
Glück ist Ruhe, die im Wald ist,
Glück ist eines Freundes Hand.
Glück ist eine stille Stunde,
Glück ist auch ein gutes Buch,
Glück ist Spaß in froher Runde,
Glück ist freundlicher Besuch.
Glück ist niemals ortsgebunden,
Glück kennt keine Jahreszeit,
Glück hat immer der gefunden,
der sich seines Lebens freut.

Verfasser unbekannt
(oft Clemens Brentano
zugeschrieben)

„Glück ist bunte Blumenpracht"
(bei einer Wanderung aufgenommen)

Vielleicht wollen Sie Ihr persönliches Glücksgedicht niederschreiben:

Glück ist bei mir
gar nicht mal so selten,
Glück ist für mich:

Ihre eigenen Zeitblüten entdecken: 27 Reflexionsfragen

Ziehen Sie sich mit dem Büchlein, einem schönen Notizbuch und einem Stift an Ihren Lieblingsplatz zurück, wo Sie ungestört sind und sich wohlfühlen. Machen Sie es sich bequem.
Beantworten Sie dann in Ruhe die folgenden Fragen. Das muss nicht in einem Zuge erfolgen, sondern kann auf mehrere persönliche Reflexionsauszeiten aufgeteilt werden. Sie können die Antworten auch nur in Stichworten hinten im Notizbereich notieren.

1. Wobei können Sie herrlich abschalten und entspannen?
2. Wie lange ist es her, dass Sie das letzte Mal vollkommen entspannt waren? Und welche Umstände haben dazu geführt?
3. Was macht Sie zufrieden und glücklich?
4. Wann war es für Sie ein richtig guter Tag?
5. Welche Gewohnheiten kosten Sie Zeit oder Energie, bringen Ihnen aber keinen oder kaum Nutzen?
6. Was beschäftigt Sie aktuell am meisten, sowohl in positiver als auch in negativer Hinsicht?
7. Welche drei schönen Kindheitserinnerungen fallen Ihnen spontan ein?
8. Was tun Sie Ihrem Körper regelmäßig Gutes?
9. Wofür sind Sie dankbar? Und was davon hat Sie keinen Euro gekostet?
10. Mit wem möchten Sie mehr Zeit verbringen? Wie könnte Ihnen das zukünftig gelingen?
11. Mit wem haben Sie das letzte Mal von Herzen gelacht und worüber?
12. Wer oder was schenkt Ihnen am meisten Kraft, wenn es Ihnen mal nicht gut geht?

13. Welcher Geruch, welcher wohlriechende Duft entspannt Sie oder weckt in Ihnen schöne Erinnerungen?

14. Welche Musik tut Ihnen gut?

15. Bei welcher Tätigkeit vergessen Sie gerne die Zeit oder würden sie am liebsten anhalten?

16. Was würde Ihnen am meisten fehlen, wenn Sie es von heute auf morgen nicht mehr haben, nicht mehr machen könnten?

17. Wann fühlen Sie sich am meisten geliebt?

18. Wofür lieben Sie sich selbst am meisten?

19. Welche sind Ihre Leidenschaften, was machen Sie mit Begeisterung?

20. Worüber wollen Sie immer mehr wissen, was wollen Sie immer besser können?

21. Wenn Sie wüssten, dass Sie nur noch ein Jahr zu leben hätten, was würden Sie tun, was würden Sie ändern, was würden Sie unterlassen?

22. Welches unvergessliche einzigartige Erlebnis würden Sie gerne wiederholen?

23. Wenn Sie die Arbeitszeit bei gleichem Gehalt um die Hälfte kürzen könnten, wofür würden Sie die neu gewonnene Zeit nutzen?

24. Wann geht Ihnen das Herz auf, was lässt Sie warm ums Herz werden, wenn Sie es erblicken?

25. Über welches Geschenk ohne Berücksichtigung des monetären Werts haben Sie sich besonders gefreut und warum?

26. Welche Entscheidung, die Sie in Kürze treffen könnten, würde Ihrem Leben eine positive Wendung geben?

27. Welcher ist Ihr Lieblingsplatz zu Hause? Welcher in Ihrer unmittelbaren Umgebung? Und warum?

Etwas oberhalb meines Heimatdorfes: einer meiner Lieblingsplätze zum Entspannen

Besondere Momente des Tages nachwirken lassen

Bevor ich Ihnen meine Fünf-Finger-Methode vorstelle, die ich selbst nutze, um den Tag Revue passieren zu lassen, hier zur Einstimmung der Tagesrückblick von dem Indianerpoeten Calvin O. John, einem Ute-Navajo – schöne Zeilen, wie ich finde:

Wenn der Tag vorüber ist, denke
ich an alles, was ich getan habe.
Habe ich den Tag vergeudet
oder habe ich etwas erreicht?
Habe ich mir einen neuen Freund
gemacht oder einen Feind?
War ich wütend auf alle oder war
ich freundlich?
Was ich auch getan habe, es ist
vorbei.
Während ich schlafe, bringt die
Welt einen neuen strahlenden Tag
hervor, den ich gebrauchen kann
oder vergeuden oder was immer
ich will.
Heute Abend nehme ich mir vor:
Ich werde gut sein, ich werde
freundlich sein, ich werde etwas
tun, was wert ist, getan zu werden.

Den Tag entspannt ausklingen lassen.

Wenn Sie am Abend zur Ruhe kommen, die Alltagshektik hinter sich haben und im Bett liegen, können Sie sich mithilfe Ihrer Hand die erlebten Zeitblüten in Erinnerung rufen und nachwirken lassen.

Die einzelnen Finger mit den zugeordneten Reflexionsfragen:

Daumen steht für Dazu beigetragen:

Reflexionsfrage:
Was habe ich aktiv dazu beigetragen, dass sich für mich heute eine Zeitblüte ergeben hat?

Beispiel:
„Heute bin ich in der Mittagspause unter dem Schatten eines Baumes in der Wiese mit einem Grashalm im Mund gelegen und habe die Ruhe genossen. Das hat so gutgetan."
Oder habe ich etwas für eine zukünftige Zeitblüte in die Wege geleitet: „Heute habe ich Konzertkarten besorgt und werde meine Freundin damit überraschen."

Zeigefinger steht für Zugefallen oder Zeitblütenfresser:

Reflexionsfrage:
Welche Zeitblüte ist mir heute zugefallen? Gab es ein freudiges Ereignis, das sich ohne Ihr persönliches Zutun zugetragen hat, zufällig ergeben hat?

Beispiel:
„Als auf dem Weg ins Büro bei einer roten Ampel mein Lieblingslied im Radio lief und ich den stimmungsvollen Himmel wahrnahm und genau in diesem Moment die Sonne aus den Wolken hervorkam – das war ein magischer Moment."

Oder Sie nutzen den Zeigefinger im Zusammenhang mit einer Zeitblütenfresser-Frage: Wie ist es mir heute gelungen, einen meiner Zeitblütenfresser im Zaum zu halten?

Beispiel:
„Ich habe in der Zeit von 18–21 Uhr das Smartphone nicht in die Hand genommen, stattdessen eine gemütliche Laufrunde absolviert und dann ein paar Zeilen in mein Tagebuch geschrieben."

Mittelfinger steht für Mitmenschen:

Reflexionsfragen:
Mit wem habe ich heute einen schönen Moment, eine gute Zeit verbracht? Wessen Tag habe ich ein klein wenig besser gemacht, wem schenkte ich ein positives Erlebnis, einen guten Moment? Indem wir Menschen eine Freude bereiten, schenken wir ihnen eine schöne Erinnerung, eine Zeitblüte.

Beispiel:
„Das anregende Gespräch mit meinem Bruder hat mir richtig gutgetan." – „Ich habe einem alleinstehenden alten Mann in der Nachbarschaft ein Stück selbst gebackenen Kuchen vorbeigebracht, worüber er sich sehr gefreut hat."

Ringfinger steht für Ritual:

Reflexionsfrage:
Welches Zeitblütenritual habe ich heute gepflegt?

Beispiel:
„Morgens habe ich mich mit der Tasse Kaffee auf die Terrasse gesetzt und mit geschlossenen Augen dem wunderbaren Vogelkonzert gelauscht."

Kleiner Finger steht für Körper:

Reflexionsfrage:
Was habe ich heute meinem Körper und meinem Geist Gutes getan?

Beispiel:
„Nach der Arbeit war ich joggen und bin dann barfuß den Waldweg entlang zurückspaziert. Wieder zu Hause habe ich mir ein ausgiebiges, duftendes Schaumbad gegönnt."

Sie brauchen natürlich nicht immer alle fünf Finger durchgehen – wählen Sie einfach Ihre favorisierten Reflexionsfragen.

Dankbar sein

Ich habe mir bereits vor Jahren eine eigene Dank-Stelle eingerichtet. Vielleicht ist das auch etwas für Sie?
Alles, wofür ich in meinem Leben dankbar bin, spiegelt sich auch in meinen Zeitblüten auf die eine oder andere Weise wider. Zugegebenermaßen vergesse ich diese Wertschätzung im Alltag oft. Um dieser Vernachlässigung etwas entgegenzuwirken, habe ich mir einen Ort ausgesucht, an dem ich mich bewusst erinnere. Hierzu habe ich auf einer meiner Laufrunden im Wiener Wald einen alten Kastanienbaum ausgewählt. Er trägt seit Jahren keine Blätter und Früchte mehr, steht aber noch fest im Boden. Je nach eingeschlagener Richtung passiere ich diesen beeindruckenden, knorrigen Baum in eher unregelmäßigen Intervallen – das kann innerhalb von wenigen Tagen oder auch von einigen Wochen sein.
Dann halte ich mit etwas Sicherheitsabstand bei „meiner" Kastanie kurz inne – meist ohnehin froh über eine Rast – und mache mir bewusst, was sich seit meinem letzten Halt an dieser Stelle Positives in meinem Leben zugetragen hat, welche wertvollen Momente – Zeitblüten – ich erlebt habe und wofür ich alles dankbar bin.
Zudem führt mir das Betrachten dieser uralten, nun kargen Kastanie die Endlichkeit des Lebens vor Augen und erfüllt mich mit Demut. Dieses Dankbarkeitsritual richtet meinen Fokus auf die Fülle im Leben. Ein vorteilhafter Nebeneffekt: Gemäß zahlreicher Untersuchungen und Studien hat das Dankbarsein auch einen gewinnbringenden Einfluss auf die psychische und physische Gesundheit: Es fördert eine positive Grundhaltung. Das Wohlbefinden, die Vitalität und Lebensfreude werden gestärkt, was eine vorteilhafte Wirkung auf die Herzgesundheit hat. Man kann leichter einschlafen sowie besser und tiefer

schlafen, es macht stressresistenter, kann die Therapie von Angststörungen und Depressionen positiv beeinflussen und stärkt die Verbundenheit und Beziehungen zu Mitmenschen.

Vielleicht möchten Sie sich auch einen solchen Ort auswählen? Wenn ja, gibt es eine markante Stelle, die Sie immer wieder passieren? Dann könnten Sie dort kurz innehalten und in Gedanken abrufen, welche Zeitblüten Sie seit Ihrem letzten Vorbeikommen erlebt haben und wofür Sie alles dankbar sind. Wem auch immer Sie dafür danken wollen, das bleibt Ihnen überlassen.

Meine Dank-Stelle

Es gibt viele Wege zum Glück. Einer davon ist, aufhören zu jammern.

oft Albert Einstein zugeschrieben

Dieses Zitat soll von Albert Einstein stammen – von wem auch immer es ist, mir gefällt es, weil es mich daran erinnert, dass mich Jammern noch nie weitergebracht oder an einer unguten Situation etwas geändert hat.
Und ja, hin und wieder kann Jammern entlastend und befreiend wirken. Wenn es allerdings zur Gewohnheit wird, belasten wir uns selbst und ziehen zudem unsere Mitmenschen mit runter, denn der Fokus ist ständig auf das Negative ausgerichtet. Der Blick auf das Positive und Schöne – auf Zeitblüten – geht langsam, aber sicher verloren.
Die Ursache für das Jammern liegt häufig im Vergleichen: Wir vergleichen uns gerne mit anderen Menschen. Dabei findet sich immer jemand, der etwas besser kann oder etwas hat, was wir auch gerne besitzen würden. Das macht unzufrieden, wie auch der dänische Philosoph Søren Kierkegaard weiß:
Das Vergleichen ist das Ende des Glückes und der Anfang der Unzufriedenheit. Was gegen die Jammergewohnheit hilft? Dankbarkeit und Demut: Sobald es wieder einen Grund zum Jammern gibt, sich bewusst machen, wofür man eigentlich alles dankbar sein kann. Und schon schaut die Welt wieder etwas besser aus.

Jeden Tag ein Zeitblüten-Foto

Die meisten von uns haben ein Smartphone ständig bei sich und somit auch eine Kamera, mit der wir schnell und einfach Eindrücke und Momente festhalten können. Das reicht schon für eine weitere Möglichkeit, sich der eigenen Zeitblüten bewusst zu werden.

Machen Sie einen Monat lang oder auch länger jeden Tag ein Foto von einem Motiv, das in Ihnen positive Emotionen weckt.
Das kann während eines Moments oder an einem Ort sein, an dem Sie sich besonders wohlfühlen, entspannt sind, oder ein Motiv, das einfach Ihr Herz erfreut.
Ob das auf dem Weg zur Arbeit, in der Freizeit, zu Hause oder sonst wo ist, spielt dabei keine Rolle – Hauptsache, Sie machen ein Zeitblüten-Foto jeden Tag.

Werfen Sie in diesem Zusammenhang auch einen Blick auf Ihre Antworten der Zeitblüten-Reflexionsfragen, dann kommen Ihnen sicher spontan einige Motive in den Sinn. Nach meiner Erfahrung erfordert das bewusste Ausschauhalten nach passenden Motiven ein kurzes Innehalten, was zu einer kleinen Auszeit vom Alltag und von der Hektik führt. Allein dadurch ergeben sich selbst oft stille, bereichernde Zeitblüten-Momente, die einfach guttun. Und nach einem Monat beim Betrachten der chronologisch gereihten Bilder war ich erstaunt, wie viele dieser Zeitblüten-Momente es eigentlich in meinem Leben gibt, die mir bisher so nicht bewusst waren.

Mit der inneren Kamera festhalten

An manchen Tagen gibt es Situationen, in denen die Natur einen so durch ihre Schönheit überrascht und fasziniert, dass ich denke, es sieht aus wie auf einer Postkarte. Dann drücke ich in Gedanken auf den Auslöser meiner inneren Kamera, um dieses Bild festzuhalten.
So war ich an einem Tag mit meinem sieben Jahre alten Sohn abends vor Sonnenuntergang auf dem Friedhof, um am Grab der Oma Blumen zu gießen. Da durften wir ein wunderbares Schauspiel erleben: Die Abendsonne tauchte eine Seite des Berges in ein goldenes Licht, sodass wir beide stark beeindruckt waren, weil wir so was in der Art noch nicht erlebt hatten.
Ich sagte ihm: „Das müssen wir mit unserer inneren Kamera festhalten" und drückte in Gedanken auf den Auslöser.
Solche Momente in der Natur sind meditativ und die Zeit bleibt für einen kurzen Moment stehen.

Margit Hofer

Das Herz eines toten Baumes

Das ist eines meiner Zeitblüten-Fotos. Ich habe das Motiv bei einem Spaziergang in den Donau-Auen der Lobau entdeckt: Das Herz eines toten Baumes, der dann fruchtbaren Boden für neue Keimlinge und die nächste Baumgeneration bildet. Ein Gehen und Kommen. Natur. Leben.

Von Kindern den Zauber des Lebens lernen

Kinder können über so manches staunen, das uns Erwachsene nicht mehr berührt – weil wir eben bereits vieles kennen und deshalb nicht mehr näher betrachten oder hinterfragen. Und damit verlieren wir oft den Blick auf das Schöne und das Wunderbare, auf die Zeitblüten, die uns täglich umgeben. Passend dazu möchte ich eine nachdenkenswerte Kurzgeschichte von meiner lieben Bekannten Gisela Rieger hier wiedergeben.

Wann haben Sie zuletzt bewusst hingeschaut?

Ein Mann sitzt mit seinem 17-jährigen Sohn im Zug. Mit großen Augen schaut der junge Mann aus dem Fenster und fragt:
„Papa, ist das eine Kuh?" Der Vater lächelt und antwortet: „Ja, mein Sohn."
Aufgeregt spricht der Junge weiter: „Papa, diese Blume ist eine Sonnenblume, oder?" Die Antwort lautet wieder: „Ja, mein Sohn.«
Viele weitere Fragen folgen: „Papa, ist das ein Lastwagen? … eine Tanne? … ein Hubschrauber? … ein hoher Berg …?" Stets folgt dieselbe Antwort: „Ja, mein Sohn."
Zwischendurch zeigt der Vater in eine Richtung und sagt: „Schau, mein Sohn, der Vogel ist ein Bussard, dieser Baum ist eine Eiche und dort ist ein Rapsfeld …"
Ein Fahrgast, der den beiden gegenübersitzt, spricht den Vater nach einer Weile an: „Bei allem Respekt, das Verhalten Ihres Sohnes ist doch sehr merkwürdig." Gereizt weist er ihn darauf hin, dass es heutzutage doch sehr gute Kliniken für Fälle wie diesen gäbe und die Medizin in alle Richtungen große Fortschritte mache.
Der Vater unterbricht ihn:
„Wie recht Sie doch haben!", antwortet er und fährt freundlich fort: „Von so einer Fachklinik kommen wir gerade. Mein Sohn hat vor zwölf Jahren sein Augenlicht verloren und kann seit wenigen Tagen wieder sehen."
Sichtlich beschämt senkt der Mann den Blick. Nach einer Weile wendet er sich dem Jungen zu:
„Junger Mann, ich muss mich bei Ihnen entschuldigen." Und nach einer Pause sagt er noch: „Und ich möchte mich bei Ihnen bedanken. Sie haben mir eben aufgezeigt, dass ich vieles Wertvolle im Leben gar nicht mehr wahrnehme, weil ich es für selbstverständlich halte."

Kinder sind große Lehrmeister

Ich arbeite als Kindergartenleiterin in Seoul. Sehr wichtige Zeitblüten für mich sind die Kinder selbst. Wenn ich Zeit brauche, innehalten oder einfach mal mein Leben verlangsamen möchte, dann lasse ich mir von den Kindern die Welt zeigen. Das kann durch das Beobachten von Spielsituationen sein oder eine gemeinsame Runde auf dem Hof, bei der wir unglaublich viele unscheinbare Dinge entdecken. Die Zeit, die Kinder sich nehmen, um das Leben zu erleben, geht uns Erwachsenen in der Hektik des Alltags oft verloren. Dabei ist es so leicht, einfach mal innezuhalten und auf die kleinen Dinge zu achten. Es kann schon entspannend sein, die Geduld zu erleben, die ein Kind aufbringt, um einen Tausendfüßler zu beobachten. Oder mit welcher Leidenschaft es einen Turm oder ein Haus baut. Oder mit welcher Intensität es ein Bilderbuch „liest" oder ganz und gar im Malen eines Bildes versinkt oder die Entdeckung der Langsamkeit auf einer Wanderung durch die Natur. Kinder sind die faszinierendsten und intensivsten Zeitblüten, die mir das Leben bietet. Und jede einzelne Zeitblüte ist so individuell und schillernd wie ein Regenbogen, sodass das Leben auch in schwierigen Moment leicht sein kann. Kinder sind nicht nur große Lehrmeister, sie bringen uns auch die Zeit wieder nahe. Sie lehren uns, den Augenblick intensiv zu erleben, was wir in der Schnelllebigkeit unseres Alltags nur allzu leicht vergessen. Die Kinder führen mir immer wieder den Zauber des Lebens vor Augen.

Kerstin Leussing

Sollten Sie Kinder haben und in ihnen auch das Bewusstsein für eigene Zeitblüten wecken wollen, dann finden Sie vielleicht an meinem ehemaligen Lieblingsritual Gefallen: Unser Teenagersohn war noch im Grundschulalter, als ich mit ihm ein tägliches Ritual gepflegt habe: Jeden Abend lasen wir gemeinsam aus einem Buch. Nach dem Lesen plauderten wir noch kurz über den Inhalt und dann folgte eine Zeitblüten-Tagesschau – also ein Rückblick mit Fokus auf das erlebte Positive. Hierzu haben wir uns jeweils von mindestens drei schönen Tagesereignissen erzählt. Diese Anzahl habe ich bewusst gewählt, denn eine einzelne Begebenheit zu nennen, fällt nicht sonderlich schwer, eine zweite meistens auch nicht. Für ein drittes Ereignis muss man schon etwas mehr überlegen, und das ist gut. Denn erst dadurch besinnt man sich auch auf Kleinigkeiten, die sich oft erst auf den zweiten Blick als wertvoll herausstellen.

Was die Zeitblüten-Tagesschau gebracht hat?

Wir haben uns gegenseitig besser kennengelernt: Das mag vielleicht seltsam klingen. Aber genau durch dieses Ritual haben unser Sohn und ich mehr voneinander erfahren. Er erzählte mir, was ihm wichtig war, was ihm Freude bereitete. Bedrückte ihn etwas, kam das auch zur Sprache. Ich lernte seine Sicht der Dinge sowie für mich Selbstverständliches aus Kinderaugen zu betrachten. Dadurch gewann ich neue Perspektiven. Zudem konnte ich ihm meine Werte vermitteln, wenn ich von meinem Tag erzählte. Gegenseitige volle Aufmerksamkeit: Im Arbeitsalltag findet man oft nicht die Zeit, sich ausreichend dem Kind zu widmen, wie man das gerne möchte. Aber auch Kinder haben tagsüber meist andere Sachen im Kopf und verbringen die Zeit lieber mit ihren Spielkameraden. Umso intensiver haben wir beim Ritual die gemeinsame Zeit genossen und ließen uns dabei die volle Aufmerksamkeit zuteilwerden – das waren innige Momente der Verbundenheit.

Rituale sind insbesondere für Kinder wichtig. Sie geben ihnen Orientierung, Struktur und Sicherheit, aber auch Geborgenheit und Halt.

Die positive Grundhaltung wurde gefördert: Die Medien sind voll von schlechten Nachrichten, denn sie lassen sich bekanntlich besser verkaufen als gute. Negatives trägt nicht wirklich zur guten Laune bei, kann einen sogar runterziehen. Die Zeitblüten-Tagesschau bietet dem Paroli und wirkt wie ein robuster Abwehrschild. Auch wenn unser Sohn nicht immer Antworten auf die Frage „Was waren heute deine drei schönsten Dinge?" parat hatte, so blieb sein Fokus auf das Positive gerichtet. Selbst ich habe mich dabei beobachtet, wie ich tagsüber bewusst nach positiven Begebenheiten Ausschau hielt, um diese dann abends bei unserer Tagesschau erzählen zu können.

Ein täglicher Ruhepol: Hin und wieder gibt es einen hektischen, anstrengenden Arbeitstag, wie es eben auch mühsame Schultage gibt. Unser Ritual bildete den optimalen Ruhepol, um runterzukommen, wieder zu entspannen und abzuschalten.

Mir war bewusst, dass es sich bei diesem Ritual um eines mit Ablaufdatum handelt und dass es nun im Teenager-Alter Cooleres und Wichtigeres für ihn gibt. Doch genau dieses Ritual hat meiner Meinung nach zu unserer heutigen Verbundenheit beigetragen und ich bin mir sicher, dass er spätestens als Erwachsener gerne daran zurückdenken und es vielleicht auch an eventuell eigene Kinder weitergeben wird.

Die Arbeit läuft dir nicht davon,
wenn du deinem Kind den Regenbogen zeigst.
Aber der Regenbogen wartet nicht,
bis du mit der Arbeit fertig bist.

Ein Spruch, der mir stets vor Augen führt, was im Leben wirklich zählt. Das ist für mich auch die gemeinsam verbrachte Zeit mit Menschen, die mir am Herzen liegen, die mein Leben so sehr bereichern. Und wenn ich dann an unserem Kind sehe, wie schnell es heranwächst, wird mir bewusst, wie leicht man Gefahr läuft, den Regenbogen zu versäumen.

Ein Doppelregenbogen, den ich letzten Sommer nicht versäumt habe ...

Die Zeitblüten-Tagesschau mit einem lieben Menschen

Das Ritual des Tagesrückblicks mit Fokus auf positive Ereignisse kann natürlich auch mit Partnerin, Freund, Schwester oder anderen nahestehenden Menschen praktiziert werden, beispielsweise in den wärmeren Monaten bei einem erfrischenden Getränk gemütlich auf der Terrasse sitzend oder in der kalten Jahreszeit abends gemeinsam bei einer heißen Tasse Tee. Man berichtet sich gegenseitig, was gut und was weniger gut gelaufen ist, und erzählt schließlich jeweils von drei erlebten Zeitblüten.

Auch am Telefon kann man sich beispielsweise mit der besten Freundin abendlich über die schönen Momente austauschen – so ein gemeinsamer Tagesausklang stärkt das Miteinander und fördert eine positive Grundhaltung.

Oder wie wäre es mit einem Zeitblüten-Tagesschau-Büchlein?

Sie können die Tagesschau auch alleine genießen, und das am besten schriftlich. Hierzu eignet sich ein simples Kalenderbuch oder Notizbüchlein. Legen Sie aber bei der Auswahl großen Wert auf eines, das Sie anspricht und sich gut anfühlt.

Es gibt auch Notizbücher mit einem Verschluss, wie beispielsweise ein Zahlenschloss. Damit kann verhindert werden, dass andere Personen einen Blick auf Ihre persönlichen Aufzeichnungen werfen.

Ob es schließlich ein besonders edles Notizbuch ist, eines mit einem eleganten Ledereinband oder mit einem ansprechenden gemusterten Umschlag – wichtig ist, dass es Ihnen gefällt und Sie es gerne in die Hand nehmen. Platzieren Sie es am besten griffbereit in Ihrem Nachtkästchen, sodass Sie es abends, wenn Sie im Bett liegen, hervorholen und darin Ihre Tageszeitblüten niederschreiben können.

Sie können auf den Anfangsseiten die Reflexionsfragen der Fünf-Finger-Methode notieren, um der Erinnerung an die positiven Tagesereignisse auf die Sprünge zu helfen. Und wenn Sie am Jahresende Ihr Tagesschau-Büchlein durchblättern, werden Sie staunen, wie viele Zeitblüten es in Ihrem Leben eigentlich gibt.

Was im Leben wirklich zählt

Zeitblüten sind keine Dauerblüher, wie eben auch die Blumenblüten in einer Wiese nur eine begrenzte Zeit unseren Blick erfreuen. So kann ein einschneidender Vorfall dazu führen, dass von heute auf morgen plötzlich nichts mehr so ist, wie es war, oder dass man sein bisheriges Leben hinterfragt und auf den Kopf stellt, weil sich durch ein Ereignis die wahren Prioritäten im Leben herauskristallisieren.

Von heute auf morgen kann alles anders sein

Eine Kurzgeschichte von Gisela Rieger: Es war ein sonniger Montagmorgen, als ich meinem Arzt zu einem Abschlussgespräch gegenübersaß. Ich hoffte auf ein Rezept, das gegen meine in der letzten Zeit auftretenden massiven Kopfschmerzen wirksam wäre.

Mein Arzt jedoch rang mit seinen Worten. Er versuchte, mir anhand des CT-Bildes so schonend wie möglich beizubringen: „Es tut mir sehr leid, Ihnen die schreckliche Diagnose mitteilen zu müssen. Sie haben einen Hirntumor, der inoperabel ist. Ihre Lebenserwartung beträgt schätzungsweise noch ein Jahr!"

Alle weiteren Sätze, von möglichen Behandlungsmethoden und Weiterem, hat mein Gehirn dann völlig ausgeblendet. Ich flüchtete nach Hause, packte meine Sachen und schrieb meiner Frau einen Zettel, dass ich dringend beruflich verreisen müsse.

Meine Reise führte zu der abgelegenen Alm meines Lieblingsonkels. Ich wusste, wo der Schlüssel versteckt lag. Auf dem Weg dorthin ging ich einkaufen und gönnte mir alle möglichen Delikatessen für die nächsten Tage, denn wofür sollte ich nun noch sparen?

Am Berg angekommen ging es mir sofort wesentlich besser. Ich verstaute meine Sachen, packte den Rucksack und bestieg den Berggipfel, der einen herrlichen Ausblick über das Tal bot. Verzweifelt versuchte ich, die Aussicht zu genießen, doch es gelang mir nicht, denn mein Leben rauschte an mir vorüber.

Ich fragte mich: Warum gerade ich? Ich habe doch nie etwas Schlimmes gemacht, habe gesund gelebt, war immer für andere da, stets hilfsbereit und fürsorglich. Natürlich habe ich hart gearbeitet – sehr hart sogar, denn ich wollte immer, dass es meiner Frau und den Kindern an nichts mangelt.

Bei meinen Überlegungen, was ich falsch gemacht haben könnte, fiel mir auf, dass ich vorwiegend für meine Karriere und meine Familie gelebt hatte. Wo war ich geblieben?

Vieles, was ich noch erleben wollte, sparte ich für die Zeit nach meinem Renteneintritt auf. Ja, zwei Jahre hätte ich nun noch bis zum Rentenalter. Diese Zeit würde ich nicht mehr erleben dürfen, geschweige das, was ich noch alles vorgehabt hätte!

In den drei Tagen auf der Alm, das Handy war abgestellt, hatte ich viel Zeit zum Nachdenken. So fasste ich den Entschluss, dass ich, solange es ging, niemandem von meiner Diagnose erzählen würde.

Ich erstellte mir meine eigene Liste mit all den Dingen, die ich während meines letzten Jahres noch erleben wollte. Da ich stets ein Realist war, plante ich in die ersten Monate all die Aktivitäten ein, bei deren Ausübung ich voraussichtlich noch einigermaßen körperlich aktiv sein konnte. Als Erstes teilte ich meinem Chef mit, dass ich künftig keine Überstunden mehr machen und auch meine Arbeitszeit drastisch reduzieren würde. Doch kam es statt des gefürchteten Donnerwetters zu einer Lösung ganz in meinem Sinne. Mein Arbeitgeber war der Meinung, nachdem ich so viele Jahre für die Firma mein Bestes gegeben und zu ihrer vollsten Zufriedenheit gearbeitet hätte, sei meinem Wunsch stattzugeben.

Meiner Frau legte ich Reisebroschüren für die Toskana auf den Tisch. Ich fragte, ob sie sich nächste Woche freinehmen könnte, um endlich einmal die Städte zu erobern, die wir gemeinsam noch nie besucht hatten. Sie war etwas irritiert und fragte: „Wie meinst du das? Ein Urlaub, nur wir zwei? Keine geschäftlichen Kontakte und Meetings oder ein Golfurlaub, wo du um acht Uhr auf der Driving Range stehen musst und von wo du erst abends wieder zurückkehrst?"
Sichtlich beschämt antwortete ich: „Nein, mein Schatz, ich denke, es ist an der Zeit, wieder einen Urlaub nur für uns zu machen, wie in früheren Jahren."

Meine sämtlichen Ehrenämter und zeitraubenden Verpflichtungen gab ich leichten Herzens ab. Ich konnte mittlerweile gar nicht mehr verstehen, in welcher Welt ich überhaupt gelebt hatte. Getrieben von Ehrgeiz, Verpflichtungen und vermeintlicher Verantwortung.

Die weiteren Monate vergingen wie im Flug und ich genoss jeden Tag und jede Stunde. Ich bedauerte sehr, dass erst eine solch schreckliche Diagnose dazu geführt hatte, dass ich endlich aufwachte und erkannte, was das Leben wirklich ausmacht! Da es mir gesundheitlich wesentlich besser ging, regte sich in mir die leise Hoffnung, dass mir vielleicht noch ein paar Monate mehr geschenkt würden. So saß ich nach einem knappen Jahr wieder meinem Arzt gegenüber.

Wieder rang dieser mit seinen Worten: „Es ist mir unerklärlich, wie dies geschehen konnte! Ihr CT-Bild wurde damals vertauscht und erst jetzt habe ich diesen unverzeihlichen Fehler bemerkt. Sie sind kerngesund, wenn ich das so sagen darf."

Nicht nur für mich erwies sich die vertauschte Diagnose als Glücksfall. Wenige Wochen später stand ein Mann mit Kopfverband vor meiner Türe. Er stellte sich mir vor und erklärte: „Dank des vertauschten ärztlichen Befunds sonnte ich mich in der Gewissheit, gesund zu sein. Wie durch ein Wunder hat sich mein Tumor in der Zwischenzeit verkapselt und konnte nun komplett entfernt werden."

Seither gehe ich mit diesem Mann jede Woche auf den Golfplatz und ständig philosophieren wir, wie wunderschön doch das Leben ist!

»Die Natur ist eine wunderbare Energietankstelle, wo ich zur Ruhe kommen, meine Gedanken sortieren und die Batterien wieder aufladen kann.

46 Zeitblüten-Ideen:
Lassen Sie sich inspirieren

Im Folgenden habe ich einige Impulse zusammengestellt, aus denen sich wertvolle Zeitblüten ergeben können, an die Sie sich noch lange erinnern. Vielseitige Vorschläge, die Sie dabei unterstützen sollen, vom schnelllebigen Alltag auszubrechen, wieder runterzukommen, sich wieder zu spüren und nicht nur zu funktionieren – und wenn es nur für eine kurze Zeit ist.
Und nicht nur sich selbst, sondern auch den Menschen, die Sie daran teilhaben lassen wollen, können Sie auf diese Weise Zeitblüten schenken.
Die Ideen sind einfach umsetzbar und in der Regel ohne Kosten verbunden. Lassen Sie sich inspirieren, markieren Sie jene, die Sie ausprobieren möchten – ob allein oder gemeinsam mit Ihren Lieben.

Passen Sie Ihre Favoriten bei Bedarf nach Ihren Wünschen und Anforderungen an. Ergänzen Sie die Liste mit eigenen Ideen. Und dann bei Gelegenheit geht's an die Umsetzung. Ohne Druck! Denn Zeitblüten haben niemals etwas mit Druck zu tun.

1. Blick in die Unendlichkeit: Nachts an einem traumhaften Platz unter freiem Himmel auf einer Decke liegend die Sterne beobachten – oder auch nur vom Fenster oder Balkon aus – und sich als Teil dieser unvorstellbaren, faszinierenden Weite wahrnehmen.

2. Ein eigener Zeitblüten-Baum: Ein Bäumchen aus einem Kern oder Keimling ziehen oder ein Jungbäumchen in einer Baumschule kaufen und, sobald es kräftig genug ist, an einem bezaubernden Ort in der Natur einpflanzen: Ihr eigener Zeitblüten-Baum, den Sie immer wieder aufsuchen, seine Entwicklung im Laufe der Zeit beobachten und später unter seiner Krone Kraft tanken können. Und sollten mehrere Leser dieses Büchleins einen solchen Baum pflanzen, so machen wir unser gemeinsames Haus – die Erde – etwas grüner.

3. Brothandwerk: Selber Brot backen, den angenehmen, sich ausbreitenden Duft genießen und sich das Handwerk bei einem gemütlichen Frühstück schmecken lassen.

4. Ein Kerzenlichterabend: Einen stimmungsvollen Abend ohne elektrisches Licht verbringen, nur bei harmonischem Kerzenlicht – dafür mehrere kleine Teelichter und größere Kerzen in den Räumen platzieren.

5. Eine Wohlfühlbox anlegen: Sammeln Sie – beispielsweise in einer schönen Pappschachtel – Gegenstände, die Ihren Blick erfreuen, die Sie mit schönen Erinnerungen verbinden. Sie können den Inhalt gelegentlich austauschen oder einfach mehrere Boxen anlegen. Wenn der Tag einmal nicht Ihr Freund war, können Sie die Schachtel zur Hand nehmen, nach den einzelnen Gegenständen greifen, sie betrachten und erfühlen. Sie entspannen, Ihre Stimmung hebt sich und der Tag findet einen guten Abschluss.

6. Barfuß erden: Schuhe ausziehen und dann einen Spaziergang machen, den unterschiedlichen Untergrund bewusst wahrnehmen – beispielsweise an einem Sommermorgen im noch vom Tau feuchten Gras. Oder im Winter nur ganz kurz mit den warmen Füßen in den prickelnden Neuschnee stapfen.

Barfuß im taufrischen Gras

7. Wieder Kind sein: Fröhlich in Regenpfützen springen, auf einer Schaukel schwungvoll durch die Luft sausen, einen Schmetterling beobachten und ihm folgen, einen bunten Blumenkranz für die Haare flechten … – unternehmen Sie etwas, das Sie früher gerne gemacht haben oder worauf das Kind in Ihnen heute Lust hat.

8. Ein Wiesenbett: Auf einer Wiese liegen und die weißen Wolken beobachten und Formen darin entdecken wie etwa Wolkenherzen.

9. Die Kräfte der Natur spüren: Einmal raus in die Natur bei einem Wetter, bei dem Sie bisher noch nie aus dem Haus gingen – etwa bei rauem, wirklich ungemütlichem Wetter einen ausgedehnten erfrischenden Spaziergang machen, den Wind spüren und trübe Gedanken wegblasen lassen, das Regenprasseln auf der Regenjacke wahrnehmen.

10. Ein Entspannungsgegenstand: Einen besonderen Gegenstand aus der Natur für daheim sammeln oder einen wählen, mit dem Sie positive Bilder und Erinnerungen assoziieren. Das kann ein schöner Stein sein, den Sie im letzten Urlaub entdeckt haben, eine Muschel vom Strandspaziergang oder etwas Ähnliches. Wenn Sie das nächste Mal wieder etwas Ruhe benötigen, nehmen Sie Ihren Gegenstand zur Hand, tasten Sie ihn ab, spüren Sie die Form, betrachten Sie ihn – das aufmerksame Betrachten führt zu einer direkten Entspannung.

11. Kindheitserinnerungen fühlen: Ein Buch lesen, das Sie das letzte Mal in Ihrer Kindheit gelesen haben. Welches fällt Ihnen spontan ein? Dabei aufkommende Erinnerungen und Gefühle genießen, die Sie beim Lesen des Buches in der Kindheit hatten.

12. Auf Entdeckungstour: Mit einem öffentlichen Nahverkehrsmittel bis zur Endstation oder einer anderen Station fahren und ziellos auf Entdeckungstour gehen, sich vom Reiseführer Zufall treiben lassen.

13. Persönliche Premieren planen: Sie können sich sicher noch an zahlreiche „Das erste Mal"-Momente in Ihrem Leben erinnern, stimmt's? Das sind meistens Ereignisse und Erlebnisse, die noch lange nachwirken, meist sogar das ganze Leben lang. Planen Sie bewusst die eine oder andere persönliche Premiere. Ein erstes Mal! Sie können sich sicher sein, dass Sie sich lange daran erinnern werden – gemäß dem Spruch: „Das Leben besteht aus Tagen, die man nicht vergisst."

14. Je lauter die Welt, desto größer die Sehnsucht nach Stille: Ziehen Sie sich immer wieder zumindest für eine Viertelstunde an einen Ort zurück, an dem es möglichst leise ist. Das können beispielsweise großflächige, hohe – am besten menschenleere – Räume sein: etwa in ein Museum, eine Halle, einen Saal oder eine leere Kirche, unabhängig davon, welcher oder ob Sie einer Religion angehören. Je größer der ruhige Raum, desto mehr ist er zur akustischen Entspannung geeignet. Genießen Sie die Stille.

15. Herzschlag spüren: Setzen oder legen Sie sich bequem an einem stillen Ort hin. Schließen Sie die Augen. Atmen Sie einige Male tief ein und aus. Stellen Sie sich beim Einatmen vor, dass Sie einen wohltuenden Duft aufsaugen, der dann Ihren ganzen Körper durchströmt. Und beim Ausatmen stellen Sie sich vor, wie Sie eine Kerze sanft ausblasen. Hören Sie auf Ihren Atem. Dann legen Sie die Hand auf Ihr Herz. Erfühlen Sie ganz bewusst Ihren Herzschlag.

16. Natur beobachten: Bauen oder besorgen Sie einen Nistkasten und platzieren Sie ihn in sichtbarer Weite, sodass Sie das Leben beobachten können, das dort einzieht und

sich entwickelt. Oder ein Vogelbecken, wo sich auch das bunte, entzückende Treiben beobachten lässt.

17. Einen Spaziergang machen oder Orte zu ungewohnter Tageszeit besuchen – etwa spätabends oder kurz vor Sonnenaufgang. Dadurch die bekannte Umgebung neu kennenlernen und neue Sinneseindrücke erfahren.

18. Natur ernten: Einen Waldspaziergang oder eine Wanderung mit Pilze- oder Beerensammeln verbinden.

19. Selbst ernten, selbst zubereiten: Mit etwas Selbstgeerntetem ein köstliches Gericht zubereiten.

20. Glühwürmchen: An einem lauen Sommerabend auf Glühwürmchen-Beobachtung gehen.

21. Den Tag oder die Nacht begrüßen: Den Sonnenaufgang oder Sonnenuntergang an einem schönen Ort beobachten, das magische Farbenspiel und die Atmosphäre in sich aufnehmen und sich so auf den Tag beziehungsweise die Nacht einstimmen oder in den Sonnenaufgang oder Sonnenuntergang spazieren …

22. Plan- und zeitlos: Einen Tag nur faulenzen, nichts tun – sich einfach treiben lassen, nichts planen, nicht auf die Uhr sehen. Ohne schlechtes Gewissen! Auch so lassen sich die Energietanks wieder auffüllen. Oder einfach das tun, was Ihnen gerade in den Sinn kommt, worauf Sie spontan Lust haben.

23. Etwas Neues lernen: Bringen Sie die Synapsen in Ihrem Gehirn zum Tanzen, indem Sie Neues erlernen. Wie wäre es mit einer neuen Sprache oder einem Gedicht, das Sie berührt? Oder Sie lernen eine neue Fertigkeit wie Kochen oder Tanzen.

24. Digitale Auszeit: Schalten Sie, wenn möglich, für einige Stunden Ihr Smartphone aus. Auch kein Radio, kein Fernseher, kein Computer – keine Informationsflut von außen und genießen Sie die neue Ruhe.

25. Neue Menschen kennenlernen: In Ihrem Ort oder in der näheren Umgebung gibt es wahrscheinlich Vereine, ein Fitnessstudio, Sportgruppen, regelmäßige Treffen beispielsweise im kulturellen Bereich und sonstige Interessengemeinschaften, die sich über Teilnehmer oder neue Mitglieder freuen. Schauen Sie sich am besten gezielt nach Angeboten um, die Ihren Interessen oder Ihrer Leidenschaft entsprechen. Wenn Sie dann regelmäßig an solchen Treffen teilnehmen, ergeben sich fast automatisch neue Kontakte, aus denen sich oft wunderbare Freundschaften fürs Leben oder auch mehr entwickeln können.

26. Von innen wärmen: Wenn es draußen stürmt, die Kälte sich ausbreitet, dann eine Tasse Tee oder heiße Schokolade bei Kerzenschein genießen, bewusst wahrnehmen, wie jeder Schluck den Körper von innen wärmt, sich schöne Begebenheiten ins Gedächtnis rufen, tagträumen …

27. Positive Stimmungen aufsaugen: Setzen Sie sich bequem an einen öffentlichen Platz, wo Sie das bunte Treiben beobachten können – idealerweise ein Ort, an dem

Sie zahlreiche Menschen in entspannter Laune vorfinden. Fokussieren Sie sich auf entspannte, fröhliche, lächelnde und lachende Gesichter, liebevolle Gesten, auf ein freundliches Miteinander – und bereits nach kurzer Zeit werden sich diese positiven Stimmungen auch auf Sie übertragen.

28. Etwas zurückgeben: Engagieren Sie sich uneigennützig, indem Sie beispielsweise Ihre Hilfe, Ihre Fähigkeiten oder Ihr Talent in einer sozialen Institution einbringen, Freiwilligenarbeit bei einem förderungswürdigen Projekt leisten, das der Natur oder bedürftigen Mitmenschen zugutekommt. Die dankbaren Reaktionen können zu einer ungemeinen Befriedigung führen und eventuell entdecken Sie ein neues Lebensgefühl oder einen neuen Lebenssinn.

29. Weitblick: Den höchsten Punkt in Ihrer unmittelbaren Umgebung erklimmen und den Blick in die Ferne schweifen lassen.

Den Weitblick genießen und Stressgedanken loslassen

Inspirationen für Zeitblüten-Geschenke

Indem Sie dazu beitragen, dass andere einen besonderen Moment – eine Zeitblüte – erleben, schenken Sie diesen Personen schöne Erinnerungen, von denen man lange zehren kann. Einige Vorschläge:

30. Überraschen: Einen lieben Menschen mit einer gemeinsamen Unternehmung überraschen. Beispielsweise mit einem Ausflug, ohne dass die Person den Zielort kennt.

31. Lächeln sammeln: Anderen Menschen ein sympathisches Lächeln schenken und zählen, wie oft es erwidert wird.

32. Parallel das gleiche Buch lesen: Mit einer lieben Person gemeinsam ein Buch lesen, sich regelmäßig über den Inhalt austauschen, die andere Perspektive kennenlernen – bringt neuen Schwung in die Beziehungskommunikation. Auch eine Möglichkeit: sich gegenseitig abschnittsweise vorlesen.

33. Ein Kompliment: Einer Person, die es nicht erwartet, ein Kompliment machen. Ein ehrliches Kompliment tut immer gut und vermittelt Wertschätzung. Dazu bedarf es keines besonderen Anlasses.

34. Mal ein anderes Picknick: Mit lieben Menschen ein stimmungsvolles Abendpicknick machen, beispielsweise an einem herrlichen Platz in der Natur, höher gelegen, wo der Sternenhimmel zum Greifen nahe ist, Teelichter in Gläsern platzieren.

35. Ein Dankesbrief: Einen handgeschriebenen Brief für einen lieben Menschen wie Partner, beste Freundin oder Eltern verfassen und darin seine Dankbarkeit und Zuneigung ausdrücken. Handgeschrieben deshalb, weil dies bei den Adressaten in der Regel wertvoller wirkt als eine digitale Nachricht. Sie können sicher sein, dass ein solcher Brief von den Empfängern wie ein kleiner Schatz gehütet wird.

36. Verlorene Verbindungen wiederherstellen: Den Kontakt zu einer wertgeschätzten Person wieder aufnehmen, die man lange nicht mehr gesehen oder gehört hat.

37. Spieleabend: Einen Spieleabend mit Freunden organisieren. Jeder darf ein selbst gewähltes Spiel mitbringen oder eine andere Idee für einen unterhaltsamen, fröhlichen Abend.

38. Gemeinsam kochen: Zusammen ein feines Essen zubereiten – ein köstliches Gericht wählen, gemeinsam die Zutaten bei einem gemütlichen Bummel auf dem Markt besorgen, den Tisch stimmungsvoll decken und dann das gemeinsam vollbrachte Werk genießen.

39. Hilfe anbieten: Einer Person in einem Anliegen Hilfe anbieten, die es nicht von Ihnen erwartet.

40. Eine herzliche Umarmung schenken: Einer vertrauten Person eine Umarmung schenken – einfach so –, die Sie noch nie oder schon lange nicht mehr umarmt haben.

41. Anonyme Wertschätzungspost: Einem bekannten Menschen eine Karte mit lieben, wertschätzenden Worten in den Briefkasten werfen, anonym und dadurch ohne gegenseitige Erwartungshaltung.

42. Zeit für ein Gespräch schenken: Beispielsweise einen alleinstehenden Menschen aus der Nachbarschaft einladen und sich bewusst Zeit für ein längeres Gespräch nehmen.

43. Eine Sinnesführung: Lassen Sie sich mit geschlossenen Augen von einer Person, der Sie vertrauen, bei einem Spaziergang führen – entweder direkt über gesprochene Weganweisungen oder an der Hand haltend. Legen Sie zwischendurch immer wieder einen Sinneserfahrungsstopp ein: Sie bekommen dabei verschiedene Naturgegenstände gereicht oder werden damit sanft gestreift. Sie erraten, um was es sich handelt … eine spannende Sinneserfahrung, die verbindet.

44. Ein offenes Ohr für einen alten Menschen: Suchen Sie das Gespräch mit einem alten Menschen. Lassen Sie ihn von früher erzählen. Schenken Sie Ihre volle Aufmerksamkeit, indem Sie ehrliches Interesse zeigen, einfühlsame Fragen stellen und achtsam zuhören.

45. **Eine überraschende Entschuldigung:** Bitten Sie eine Person um Entschuldigung, die eher nicht damit rechnet. Natürlich sollte es hierzu einen entsprechenden Grund geben. Eine Entschuldigung bricht Mauern und bildet fruchtbaren Boden für eine Versöhnung.

46. **Eine kleine Herzensbotschaft übermitteln:** Eine kurze Botschaft mit lieben, aufbauenden, tröstenden, heiteren, herzerfrischenden oder warmherzigen Worten übermitteln, von der Sie ausgehen können, dass sie den Empfänger erfreut. Beispielsweise per Post-it, das Sie an dem Badezimmerspiegel, an der Schranktür oder an einem anderen für die jeweilige Person gut sichtbaren Ort anbringen.

Zeitblüten-Atmosphäre im Unternehmen etablieren

Beim Lesen der über 800 Zeitblüten-Einsendungen ist mir aufgefallen, dass kaum eine von beruflichen Begebenheiten handelt – was auch nachvollziehbar ist. Denn im oft hektischen Arbeitsalltag bilden großartige oder auch kleinere wunderbare Momente wohl eher die Ausnahme. Und doch sollten sie in diesem so wichtigen Lebensbereich nicht zu kurz kommen, denn wir verbringen in der Regel einen beträchtlichen Teil unseres Lebens in der Arbeit.

Deshalb ein kleiner Appell an dieser Stelle

Jeder von uns – ob Angestellte, Führungskraft, Chefin oder Chef – kann einen Beitrag leisten, dass der Tag für Menschen in unserem unmittelbaren Arbeitsumfeld ein besserer wird als ohne unser Zutun. Wählen Sie eine Person und stellen Sie sich die Frage, wie Sie ihr heute einen guten Moment schenken können. Vielleicht erinnert sich diese Person dann bei ihrem Tagesrückblick genau an diese eine Kleinigkeit, die ihren Arbeitstag zu einem besonderen werden ließ.
Dazu braucht es nicht viel: ein freundliches Wort, eine kleine Hilfestellung, eine höfliche Geste, ein wärmendes Lächeln, eine Prise Humor, ein ansteckendes Lachen, ein wohltuendes, aufrichtiges Lob, ein herzliches Dankeschön usw.
Für Sie mögen diese Kleinigkeiten vielleicht Selbstverständlichkeiten darstellen, doch erfahrungsgemäß bleiben sie im stressigen Arbeitsalltag oft auf der Strecke.

Wenn Sie das Gefühl haben, dass dem auch in Ihrer Arbeit so ist, versuchen Sie einen Anfang – gleich morgen.

Und auch wenn es nur eine Kleinigkeit ist, mit der Sie im Unternehmen, in dem Sie tätig sind oder es sogar führen, beginnen – viele positive Kleinigkeiten können Großes bewirken.

Und vielleicht lösen Sie damit sogar eine positive Kettenreaktion aus, die außerhalb des sozialen Mikrokosmos des Unternehmens weitergetragen wird. Denn Aktion hat in der Regel immer eine Reaktion zur Folge: Ein freundliches Wort kann eine freundliche Antwort bewirken, ein Lächeln ein erwiderndes Lächeln, eine Hilfestellung eine Unterstützung zu einem anderen Zeitpunkt, ein Lob kann gute Laune bei den Empfängern bewirken, die diese mit nach Hause nehmen und dort an andere übertragen.

Und genau aus der Summe dieser vermeintlichen Kleinigkeiten kann im Unternehmen trotz stressiger Tage ein wertschätzendes und respektvolles Miteinander gedeihen, das allen zugutekommt. Aus einem an Zeitblüten kargen Arbeitsalltag wird ein bereichernder.

Eine Hütte, in der man lacht,
ist besser als ein Palast,
in dem man weint.

Dieser Spruch aus China gefällt mir, weil ich es einfach schön finde, wenn man miteinander lachen oder auch über sich selbst lachen kann. Herzliches, gemeinsames Lachen entspannt jede Stresssituation, erzeugt ein Wärmegefühl und ein Wohlfühlambiente. Zeitblüten! Im Unternehmen, daheim oder auch in einer ärmlichen Hütte. Überall!

»
Erinnerungsnotiz
an mich selbst:
Stets Hand in Hand
Herz und Verstand.

Inspirierende *Zeitblüten*

In diesem abschließenden Kapitel stelle ich Ihnen weitere eingesandte Leser-Zeitblüten aus meiner Sammlung vor – darunter berührende, inspirierende und nachahmenswerte. Sie werden feststellen, wie vielfältig und individuell diese ausfallen können, so wie wir eben selbst auch vielfältig und individuell sind.

Geschenkte Stunden

Mein Mann ist 80 Jahre alt und seit einer Woche zurück aus der Klinik – gerade kurz vor unserem 44. Hochzeitstag. Wir dürfen noch einmal eine Zeitspanne zu zweit unterwegs sein. Wie lange? Das können wir nicht wissen. Wir können nur den einzelnen Stunden Freude abgewinnen und aus den Tagen wertvolle Bilder der Erinnerung sammeln.

Seit vor acht Jahren die Krankheit ausgebrochen ist, musste er dreimal als Notfall eingeliefert werden – immer in der Nacht. Jedes Mal kehre ich alleine heim und unsere kleine Wohnung ist plötzlich so groß. Das Licht scheint trüb und es ist unheimlich kalt, auch wenn die Räume hell und warm sind – wie ein Hauch von einer Zukunft des Nicht-mehr-teilen-Könnens. Etwas hilft mir, diese Grenzerlebnisse und die Erfahrung des Loslassens besser zu verkraften:

Seit Jahren schließen wir die Tage mit einem Still-für-uns-Sein und danken für das gemeinsam Erlebte. Der Morgen ist neu, zwar mit den alten Sorgen – er hat jedoch immer die Chance, ein ganz besonderer Tag zu werden. Einer mit kleinen gemeinsamen Zeitblüten.

Susanna Haller

Mein Ausprobier-Tag

Nach einer schmerzhaften Trennung bin ich seit drei Jahren Single. Nach der Trennung empfand ich eine große Leere und hatte plötzlich viel Zeit für mich. Oft war mir das zu viel Zeit. Um mit dieser Leere umzugehen, habe ich mir auf einer Liste all die Dinge notiert, die ich gerne mache, die mir guttun, die meinen Tag verschönern: spazieren gehen, den Straßenmusikanten in der Stadt zuhören, im Buchladen schmökern, Freunde treffen, einen bunten Blumenstrauß pflücken und damit meine kleine Wohnung verschönern, mir etwas Leckeres kochen, den Tisch schön decken und das Essen genießen. Alles kleine Zeitblüten, die ich als Single viel bewusster genieße als früher. Deshalb empfinde ich das Mehr-Zeit-für-mich-Haben mittlerweile als Geschenk. Und einen Tag in der Woche – den Samstag – habe ich als meinen „Ausprobier-Tag" festgelegt. An diesem Tag probiere ich immer etwas Neues aus. Das kann zum Beispiel eine exotische Frucht sein, die ich beim Bummeln auf dem Wochenmarkt entdecke, ein neuer Ort, den ich aufsuche, oder ich schaue beim Flanieren in der Stadt spontan in ein mir unbekanntes Lokal oder in eine Ausstellung. So sammle ich über das Jahr mindestens über 50 neue Erfahrungen, die meinen Horizont erweitern – und darunter waren schon viele Zeitblüten.

Alex M.

Meine Badehütte an der Donau

Ich habe durch einen glücklichen Zufall einen Lebenstraum erfüllt bekommen: Ich bin seit Kurzem Besitzerin einer Badehütte an einem Donauseitenarm.
Jedes Wochenende verbringe ich nun dort in meinem Garten und genieße es, wenn mir heiß ist, einfach in das kühle Nass zu springen.
Am Morgen, wenn in der Kleingartenanlage nur die Vögel zu hören und zu sehen sind und die Insekten die Blumen besuchen, ist es am schönsten. Dann ziehe ich im Wasser meine Bahnen, und mit jedem Schwimmzug atme ich die Ruhe und Ausgeglichenheit ein und lasse alle Anspannung beim Ausatmen ins Wasser fließen. Nach dem Schwimmen habe ich eine derartige Ausgeglichenheit erreicht, dass sie mich den ganzen Tag begleitet und mir auch für die kommende Woche einen guten Start bringt.
Wenn es unter der Woche dann einmal nicht so rund läuft, nehme ich mir eine kurze Auszeit und lasse die Bilder des Schwimmens am Wochenende vor meinem inneren Auge ablaufen. Es ist erstaunlich, wie sich dann wieder dieses Gefühl der Gelassenheit und Entspannung einstellt.

Marianne Winter

Ein besonderes Vogelhäuschen

Dieses Bild, das ich von meinem Vogelhäuschen gemacht habe, hat eine besondere Bedeutung für mich: Ich konnte dieses Vogelhäuschen zwei Jahre nach einem schweren Unfall, der eine Hirnblutung, die Lähmungen meiner Beine und eine Vielzahl an Knochenbrüchen zur Folge hatte, an die Fassade meines Hauses montieren. Dafür in vier Metern Höhe auf einer Leiter zu stehen, bewirkte zunächst eine große Angst. Trotzdem habe ich es gewagt. Ich habe damals die Einschätzungen einiger Uni-Professoren, ein Pflegefall zu bleiben, als Meinung und nicht als Tatsache gewertet. Ich habe niemals aufgegeben. So gegen viel wissende Autoritäten anzutreten, hatte für mich zahlreiche schlaflose Nächte zur Folge. Nun, zwei Jahre nach dem Unfall und der Pflegefall-Prognose, fahre ich jeden Tag mit dem Rad etwa zwei Stunden zur Arbeit: eine sehr wertvolle Zeit nur für mich, und ich genieße morgens um 6 Uhr die Natur und die Begegnung mit Hasen und Rehen. Das ist meine Zeitblüte.

Das Leben ist schön, von einfach hat niemand was gesagt!

Andreas Nann

Unsere Zeit

Meine Frau und ich sind mittlerweile über zehn Jahre zusammen. Wie in jeder Beziehung gibt es auch bei uns Aufs und Abs, in den letzten Jahren mehr Abs. Irgendwie haben wir verlernt, miteinander zu reden. Wie mir heute klar ist, hatten wir dadurch beide kaum Ahnung, was in dem anderen vorgeht. Alles drehte sich nur um unsere Kinder – jedes Gespräch, die gemeinsamen Unternehmungen etc. Vor etwa einem halben Jahr holte mich meine Frau an einem Freitag überraschend von der Arbeit ab und lud mich zum Essen ein. Einfach so. In einem kleinen Hotel in der Nähe unseres Wohnortes haben wir die Nacht verbracht, während meine Mutter nach den Kindern schaute. Heute sehe ich diesen Abend als kleinen Ausbruch von unserem Beziehungsalltagstrott der letzten Jahre, der einiges verändert hat. Seit diesem Abend nehmen wir uns alle zwei Wochen ganz bewusst Zeit nur für uns. Wir unternehmen etwas gemeinsam, z. B. wir gehen ins Kino, ins Schwimmbad, in ein Museum, kochen gemeinsam, schauen uns einen Film zu Hause an oder besuchen Veranstaltungen, wo wir keine anderen Menschen persönlich kennen. Letzte Woche fuhren wir mit der Geisterbahn und danach mit der Wilden Maus – eine Achterbahn bei uns im Freizeitpark. Hat Spaß gemacht. Und manchmal ist es einfach nur ein Spaziergang zu zweit. Unsere Abmachung: Während „unserer Zeit" sprechen wir nicht über die Kinder und nicht über die Arbeit. Diese Gespräche gibt es ohnehin jeden Tag zu Hause. Das war anfangs sehr ungewohnt und fiel besonders mir schwer. Aber wir haben wieder gelernt, miteinander zu reden und zu lachen, die Zweisamkeit wertzuschätzen und zu genießen, was unserer Beziehung sehr, sehr guttut. Dafür bin ich meiner Frau besonders dankbar.

Nico Krüger

Das zufriedene Kauen der Pferde

Wir haben Pferde. Für mich ergibt sich daher zweimal täglich folgendes Ritual:
Stall sauber machen, Heunetze füllen und Scheune kehren. Dann, nach getaner Arbeit, die Pferde hereinlassen, mich irgendwo dazwischenstellen oder -setzen und einfach nur zuhören, wie die Pferde genießend ihr Heu kauen und mit sich und der Welt zufrieden sind.
Ich habe natürlich auch viele fantastische Momente beim Ausreiten und bei sonstiger Beschäftigung mit den Pferden, aber diese beschriebene Zeitblüte hat die Besonderheit, dass ich überhaupt nichts von den Pferden will und sie mir in genau diesem Moment doch so viel geben: völlige Entspannung.

Ifrit Kiselmann

Der Strandkorb auf der Dachterrasse

Die Dachterrasse unseres Hauses war beim Kauf vor über 10 Jahren einfach im Angebot dabei. Jahrelang haben wir sie kaum genutzt, fast unbemerkt hat sie ein stilles Dasein gefristet.
Nach einem herrlichen Urlaub auf Norderney haben wir uns einen Strandkorb gekauft und damit unsere Dachterrasse neu entdeckt. Sie ist heute Wohlfühloase, Rückzugsort und Treffpunkt für die ganze Familie.
Nach hektischen oder stressigen Tagen genieße ich alleine oder zusammen mit meiner Frau die Ruhe und die schöne Aussicht. Wenn sich die Nacht dann über unser Haus legt und wir unser Buch beiseitelegen, bleibt uns immer dieser kurze und wertvolle Moment, Rückschau zu halten auf den vergangenen Tag, aber auch einen Blick auf das Kommende zu werfen.
An den warmen Sonntagmorgen im Sommer genießen wir mit der Familie gerne ein gemeinsames Frühstück als Auftakt in den Tag. Und so bekam unsere Dachterrasse, welche von Anfang an da war, aber nicht wahrgenommen wurde, eine besondere Bedeutung und einen unschätzbaren Wert als unser persönlicher Zeitblüten-Ort.

Eduard Fässler

Im Hier und Jetzt

Meine an Demenz erkrankte und pflegebedürftige Mutter lebt im Pflegeheim. Sie spricht nicht mehr viel, ist aber sehr aufmerksam, was kleine Dinge angeht. Wenn ich zum Beispiel beobachte, mit wie viel Ruhe und Genuss sie den mitgebrachten Kuchen ganz selbstständig verzehrt, fühle ich, was wirklich wichtig im Leben ist, und spüre in mir ein kleines Glücksgefühl. Sie lebt wie ein kleines Kind im Hier und Jetzt, und das versuche ich mir abzuschauen.

Maike Maternowski

Der Blick auf die Berge

Der Morgen unter der Woche ist bei uns – wie bei vielen Familien – immer sehr hektisch, bis wir endlich außer Haus kommen. Wir wohnen in einer Kleinstadt, umgeben von Bergen, das heißt, wenn ich aus dem Haus gehe, türmt sich vor mir eine Bergkette.
Als ich wieder mal gestresst und mit pochendem Herzen aus der Wohnung rannte, um die Kinder mit Verspätung in die Schule zu bringen, bemerkte ich plötzlich die verschneiten Berggipfel, die weißen Wolken dahinter, den blauen Himmel, der alles umrahmte, den leichten, lauen Morgenwind, der die Bäume bewegte.
Ich hielt inne und plötzlich kamen mir die Tränen. Eine Mischung aus bittersüßer und schmerzlicher Sehnsucht erfüllte mich. Schule, Verspätung, Arbeit, Termine? Das war in diesem Moment alles Nebensache! Schön ist die Welt und wir sollten öfter innehalten. Ich tue es seitdem häufig. Immer wenn ich das Haus verlasse, erinnern mich die Berge an meinen Termin mit der Ruhe, auch wenn es mal stürmt und die verschneiten Wipfel gar nicht zu sehen sind.

Friedrich Ellmenreich

Sich Zeit geben

Da ich immer schon mit Holz arbeiten wollte, habe ich mich zu einem Schnitzkurs angemeldet.
Von meiner Erwartung, innerhalb einer festgesetzten Anzahl von Kurstagen ein fertiges, vorzeigbares Ergebnis in den Händen zu halten, musste ich mich schnell verabschieden.
Der Moment, mir zu gestatten, mich von Zeitplan und Perfektion zu lösen, brachte mir völlige Entspannung und ich bemerkte, dass mich erst dann die intensiven Gerüche des Materials, die Menschen und die urige Umgebung wirklich erreichten.
Ich weiß nicht, wie lange ich für mein erstes Werk brauche. Wichtig ist nur, dass meine wöchentliche Zeit in der Meister-Eder-Pumuckl-Atmosphäre für mich einen regelrecht meditativen Charakter hat und ich danach gut gelaunt und entspannt nach Hause gehe.

Karin Uphues

Da geht mein Herz auf

Wenn ich nach einem anstrengenden Tag von der Arbeit nach Hause komme, gibt es zwei unterschiedliche Arten meines Tages:

Die Ergebnisse meiner Arbeit waren erfolgreich oder die positiven Ergebnisse sind noch ausbaufähig. Dementsprechend ist auch meine persönliche Gefühlslage: überaus positiv oder eher nachdenklich und etwas betrübt.

Nun trete ich durch unsere Haustür und gehe direkt zu unserem Sohn, um ihn zu begrüßen. Sobald ich ihn sehe, geht mein Herz auf! Ich freue mich, dass er da ist! Und das ist leider nicht selbstverständlich.

Unser Sohn ist schwerst mehrfach behindert, kann unter anderem nicht laufen und nicht sprechen. Wenn ich ihn sehe und er mich auf seine Weise begrüßt, weiß ich, wofür man lebt und welche persönliche Aufgabe man erledigen muss.

In solchen Momenten befinde ich mich wieder auf dem Teppich und erlebe die Wichtigkeit des Seins.

Alexander Frey

Schritt für Schritt zu mehr Zeitblüten

Wenn Sie nun Lust bekommen haben, Ihr Leben mit mehr Zeitblüten zu füllen, gehen Sie am besten Schritt für Schritt vor:

- Identifizieren Sie zuerst Ihre Zeitblütenfresser und schränken Sie diese soweit wie möglich ein.
- Nutzen Sie die neugewonnene Mehrzeit für Ihre ganz persönlichen Wohlfühlrituale und Mehrwertbeschäftigungen.
- Entscheiden Sie sich für eine der vorgestellten Möglichkeiten, um sich Ihrer täglichen Zeitblüten bewusst zu werden.
- Legen Sie Ihre individuelle Sammlung mit Ideen für Zeitblüten-Unternehmungen an.
- Planen Sie hin und wieder ganz bewusst Zeitblüten-Unternehmungen mit hohem Erinnerungswert.
- Genießen Sie Ihre Zeitblüten.

Wenn Sie so vorgehen, werden Sie bereits nach kurzer Zeit zahlreiche Zeitblüten-Erfahrungen machen, die Ihr Leben bereichern. Sie gewinnen an Gelassenheit, Zufriedenheit, Achtsamkeit, Entspannung und Lebensfreude.

»Anstatt zu sagen,
ich habe keine Zeit,
nehme ich mir
die Zeit für alles,
was mir wichtig ist
und am Herzen liegt.

Was ich Ihnen wünsche

Ich hoffe, Ihnen mit diesem Büchlein in dieser doch oft schnelllebigen und hektischen Zeit das Bewusstsein und Anregungen für Ihre eigenen Zeitblüten mitgegeben zu haben. Gönnen Sie sich und Ihren Lieben bewusst Erlebnisse, die sich vom Alltag abheben, sowie Momente, die einfach guttun – Momente der Entspannung, des Wohlfühlens, des Krafttankens und des Abschaltenkönnens.
Nun wünsche ich Ihnen viele großartige und unvergessliche, aber auch zahlreiche kleine, stille Zeitblüten in Ihrem Leben. Abschließend möchte ich Ihnen noch folgende Worte von der wunderbaren Astrid Lindgren mit auf den Weg geben: Und dann muss man ja auch Zeit haben, einfach dazusitzen und vor sich hinzuschauen.

Ihr Burkhard Heidenberger

Einfach nur dasitzen und die Ruhe genießen.

Notizen

Machen Sie das Büchlein mit Ihren persönlichen Notizen lebendig und individuell – Ihr ganz persönliches, kostbares Zeitblüten-Büchlein.

Impressum

Textnachweis: Astrid Lindgren © Verlag Friedrich Oetinger, Hamburg, S. 115

www.herder.de

Gesamtgestaltung: Tanja Geier, NiceDay Advertising
Bildnachweis: azure1/Shutterstock.com: S. 36, 99; Burkhard Heidenberger: S. 26, 36, 42, 50, 55, 61, 62, 67, 71, 72, 77, 92; daboost/stock.adobe.com: S. 26 (Buch); Freepik.com: S. 5, 6, 9, 11, 13, 17, 18, 21, 25, 29, 33, 35, 41, 44, 53, 54, 58, 67, 72, 76, 78, 83, 95, 96, 101, 102, 107, 108, 111, 117, 119, 121, 122, 124, 127; iStock/Getty Images/wingmar: S. 52; iStock/Getty Images/zodebala: S. 84; Jan Engel/stock.adobe.com: S. 96; MO BÜDINGER Infografik & Illustration: S. 23; Pixabay.com: S. 12, 87, 100; Unsplash.com: S. 26-27, 36, 42-43, 50-51, 55, 68, 77, 99, 114, 115

Herstellung: Graspo CZ, Zlín
Gedruckt auf umweltfreundlichem, chlorfrei gebleichtem Papier
Printed in the Czech Republic

ISBN 978-3-451-39701-1

Weitere Inspirationen und Impulse für Ihre persönlichen Zeitblüten finden Sie auch in den über 800 Leserzuschriften auf dem Webportal (www.zeitblueten.com) des Autors.

Sie möchten den Autor kontaktieren? Kontaktmöglichkeiten:
E-Mail: b.heidenberger@zeitblueten.com
Instagram: www.instagram.com/zeitblueten_heidenberger/
Facebook: www.facebook.com/zeitbluetencom/